Oda Tietz

Köstliches Sauerkraut

100 Rezepte für Gesundheitsbewusste und Gourmets

Weltbild

Inhalt

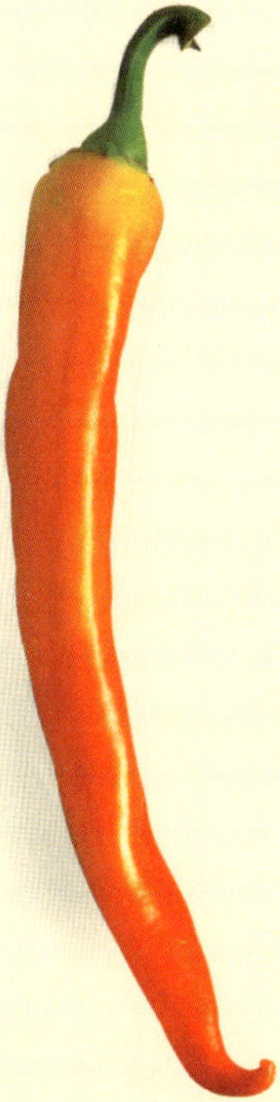

Gesundes Sauerkraut – selbst gemacht oder vom Fass

Sauerkraut verwöhnt unseren Gaumen auf vielerlei Art, denn es bietet die wunderbarsten kulinarischen Möglichkeiten. Mal kommt es würzig-pikant auf den Teller, mal kräftig und herzhaft, aber auch lieblich, leicht und fein. Längst ist das würzige Kraut mehr als nur eine Beilage zu Eisbein oder Schweinebauch! Es ist durchaus steigerungsfähig, lässt man der Fantasie und der Experimentierlust freien Lauf. Denn es passen die vielfältigsten Zutaten dazu: Äpfel und Birnen, Exoten wie Bananen, Ananas, Karambolen, Papayas, Avocados, aber auch Fleisch, Wurst, Speck, Geflügel, Fisch, Gemüse, Sahne, Schmant, Cidre und vieles mehr. Egal ob es schlicht, elegant, deftig oder raffiniert, als Salat, Suppe, Eintopf, Auflauf oder Backwerk aufgetischt wird, es ist immer delikat. Wird es gar noch mit frischen Kräutern und essbaren Blüten und Blumen herausgeputzt, ist das schlichte Kraut geradezu unwiderstehlich!

Köstlich, preiswert und gesund

Obendrein ist Sauerkraut ein Gesundmacher, denn es ist reich an Ballaststoffen, an Vitaminen und Mineralstoffen (Vitamin B6, Kalium, Kalzium, Eisen), seine Milchsäurebakterien regen die Magen- und Darmtätigkeit an und wirken keimtötend. Außerdem ist es eine hervorragende Vitamin-C-Quelle. Schiffsleute vergangener Jahrhunderte nahmen deshalb Sauerkraut mit an Bord. Das schützte sie auf den langen Seereisen vor Skorbut, der gefürchteten Vitamin-C-Mangelkrankheit.
Sauerkraut schmeckt roh, gedünstet, geschmort. Es ist preiswert, kalorienarm – 100 Gramm haben nur 67 Kilojoule bzw. 16 Kilokalorien – und das ganze Jahr über im Angebot. Für alle Rezepte in diesem Buch wurde frisches Sauerkraut verwendet. Das bekommen Sie direkt vom Fass oder abgepackt im Supermarkt. Beim Einkauf von Sauerkraut frisch aus dem Fass sollten Sie darauf achten, dass das Kraut hellbeige bzw. hellbraun ist. Es muss rasch verbraucht werden – in einem verschlossenen Behälter im Gemüsefach des Kühlschranks kann es maximal ein bis zwei Tage gelagert werden. Frisches Sauerkraut, das in Tüten abgepackt wurde, ist wesentlich länger haltbar.

Auf den nächsten Seiten finden Sie Sauerkrautrezepte für jede Gelegenheit. Wir wünschen Ihnen viel Spaß beim Nachkochen!

Sauerkraut selbst gemacht

5 kg Weißkraut (Weißkohl) + 60 g Salz
Einige Wacholderbeeren, Pfefferkörner und Lorbeerblätter

Ganz einfach

1 Das Weißkraut halbieren, den Strunk entfernen, die Hälften noch einmal teilen und die Viertel mit einem Hobel oder einem scharfen Messer in feine Streifen schneiden. Die Streifen abwechselnd mit den übrigen Zutaten in einen gut gesäuberten Steinguttopf einlegen und stampfen. Dabei ist zu beachten, dass jede Lage so lange gestampft wird, bis ein wenig Flüssigkeit austritt.

2 Den gut gefüllten Topf mit einem Tuch und einem runden Holzbrett abdecken und mit einem Stein beschweren. Je stärker das Kraut beschwert wird und je weniger Luftzufuhr es erhält, desto wohlschmeckender wird es. Das Kraut an einem kühlen Ort etwa 6 Wochen gären lassen.

Sauerkraut als Beilage

400 g Sauerkraut + 50 g Schmalz + Kümmel
1/8 l Brühe, Weißwein, Wasser oder Sekt
Salz + Frisch gemahlener schwarzer Pfeffer

Grundrezept

1 Das Sauerkraut abtropfen lassen und zerkleinern.

2 Schmalz erhitzen und das Kraut hineingeben. Kümmel und die Flüssigkeit unterrühren. Zugedeckt 20 bis 25 Minuten garen, salzen und pfeffern.

Aromatische Salate

Bananen-Kraut-Salat mit Parmaschinken

400 g Sauerkraut + 1 Schalotte
2 Äpfel + 2 EL Zitronensaft
6 EL Walnussöl + 2 EL Cidre
1 TL brauner Zucker
Salz + Frisch gemahlener weißer Pfeffer
2 Bananen + 100 g Parmaschinken

Geht schnell

1 Das Sauerkraut abtropfen lassen, zerkleinern, in eine Schüssel füllen.

2 Die Schalotte pellen und fein hacken. Die Äpfel schälen, in Viertel, dann in Würfel schneiden, dabei das Kernhaus entfernen. Apfelwürfel mit Zitronensaft marinieren.

3 Schalotte und Apfelwürfel mit dem Kraut vermischen. Öl, Cidre und Zucker ebenfalls untermengen. Mit Salz und Pfeffer würzen und 30 Minuten ziehen lassen.

4 Die Bananen schälen, in Scheiben schneiden und unter den Salat mischen. Den Schinken in feine Streifen schneiden und darüberstreuen.

Tipp

Cidre ist französischer Apfelwein. Die herben Sorten werden gerne für Suppen und Schmorgerichte verwendet, Salatsaucen bekommen durch sie einen frischen Charakter. Die süßen Sorten verleihen Cremes und Desserts einen feinen Apfelgeschmack.

Sauerkrautsalat mit Kiwano-Vinaigrette

500 g Sauerkraut + 125 g Zucchini
150 g geräucherte Putenbrust + 1 Birne
1 EL Zitronensaft + 1 Kiwano
Einige Zweige Zitronenmelisse
1 EL Weißweinessig
3 EL Sonnenblumenöl
Salz + Frisch gemahlener weißer Pfeffer

Raffiniert

1 Das Sauerkraut abtropfen lassen und fein schneiden. Die Zucchini in Scheiben schneiden, leicht salzen und 30 Minuten ziehen lassen.

2 Die Putenbrust in kleine Würfel schneiden. Die Birne schälen, in Würfel schneiden, dabei das Kernhaus entfernen, die Birnenwürfel mit Zitronensaft marinieren.

3 Die Kiwano aufschneiden, das Fruchtfleisch auslösen und in eine kleine Schüssel geben. Die Melisse waschen, einige Blättchen beiseitelegen und den Rest hacken. Die gehackte Melisse mit der Kiwano, Essig, Öl, Salz und Pfeffer mischen.

4 Zucchini, Putenbrust und Birne zu dem Sauerkraut geben, die Vinaigrette untermischen, einige Minuten ziehen lassen. Mit Melisseblättchen garnieren.

Tipp

Die Kiwano ist eine tropische Frucht, eine Mischung aus Gurke und Melone. Andere Bezeichnungen sind Hornmelone und Swanimelone. Das grüne Fruchtfleisch ist mit essbaren Kernen durchsetzt und schmeckt nach Banane, Limone und Passionsfrucht gleichzeitig. Die Kiwano kann pur gegessen werden, ist aber auch für tropische Salate und für Süßspeisen geeignet.

Scharfer Sauerkrautsalat

500 g Sauerkraut + 2 rote Äpfel
4 EL Zitronensaft + 1 Zwiebel
1 EL geriebener Meerrettich
6 EL saure Sahne + 150 g Schinkenspeck
1 EL Walnussöl + 1 kräftige Prise Zucker
Salz + Frisch gemahlener weißer Pfeffer
1 Handvoll frisch gepflückte,
gereinigte Gänseblümchen

Ganz einfach

1 Das Sauerkraut abtropfen lassen, grob hacken und in eine Schüssel geben.

2 Die Äpfel waschen, in Viertel, dann in Spalten schneiden, dabei das Kernhaus entfernen. Die Apfelspalten mit 2 Esslöffel Zitronensaft marinieren und beiseitelegen.

3 Die Zwiebel pellen und fein schneiden. Zwiebel, Meerrettich und saure Sahne mit dem Sauerkraut vermischen.

4 Den Schinkenspeck in kleine Würfel schneiden und kross ausbraten. Die Speckwürfel mit den Apfelspalten auf dem Salat anrichten.

5 Den restlichen Zitronensaft mit Walnussöl, Zucker, Salz und Pfeffer vermengen, die Gänseblümchen darin marinieren und rings um den Salat verteilen.

Tipp

Blumen und Blüten, die zum Dekorieren und Aufessen verwendet werden, dürfen nicht gespritzt sein.

Sauerkrautsalat mit Birnen

Für den Salat
500 g Sauerkraut + 1 Möhre
2 Stangen Staudensellerie + 2 Birnen
1/2 Bund Petersilie + 2 EL Essig
4 EL Apfelsaft + 1 TL Senf
2 EL Walnussöl + Salz
Frisch gemahlener schwarzer Pfeffer

Für die Dekoration
8 frisch gepflückte Magnolienblüten
2 Eiweiß + 1 TL Zitronensaft + 80 g Zucker

Außerdem
12 Walnusshälften

Braucht etwas Zeit

1 Das Sauerkraut abtropfen lassen, fein schneiden und in eine Schüssel füllen. Die Möhre putzen und fein raspeln. Die Selleriestangen waschen, in kleine Stücke schneiden. Die Birnen in Viertel schneiden, schälen, in Würfel schneiden, dabei das Kernhaus entfernen. Die Petersilie waschen und hacken.

2 Möhren, Sellerie, Birnen und Petersilie zum Kraut geben. Essig, Apfelsaft, Senf, Walnussöl, Salz und Pfeffer verrühren und unter den Salat mischen.

3 Für die Dekoration die Magnolienblüten waschen und abtropfen lassen. In einem tiefen Teller das Eiweiß mit dem Zitronensaft leicht verschlagen. Die Blüten hineintauchen, gut abtropfen lassen und ringsum mit Zucker bestreuen. Ein Backblech mit Pergamentpapier belegen, die Blüten auflegen und im vorgeheizten Backofen bei 50 °C (niedrigste Stufe) trocknen lassen. Die Ofentür dabei spaltbreit geöffnet lassen.

4 Den Salat mit Walnusshälften bestreuen und mit den Magnolienblüten verzieren.

Paprika-Sauerkraut-Salat

400 g Sauerkraut
Je 1 rote und 1 grüne Paprikaschote
1 Zwiebel + 6 EL Olivenöl
4 EL Cidre-Essig + Salz
Frisch gemahlener weißer Pfeffer
1 TL Paprikapulver edelsüß
1 TL brauner Zucker + 100 g Roquefort
2 EL Sahne + 150 g Mascarpone
Grober Pfeffer
Eventuell 1 rote Paprikaschote zum Dekorieren

Ein Augenschmaus

1 Das Sauerkraut abtropfen lassen, zerkleinern, in eine Schüssel geben. Die Paprikaschoten halbieren, entkernen, waschen und in Würfel schneiden. Die Zwiebel pellen und fein hacken. Paprikaschoten und Zwiebeln unter das Kraut mischen.

2 Öl, Essig, Salz, Pfeffer, Paprikapulver und Zucker vermischen und über das Kraut gießen. 30 Minuten im Kühlschrank ziehen lassen.

3 Inzwischen Roquefort mit einer Gabel zerdrücken und mit der Sahne glatt rühren. Den Mascarpone unterrühren und mit Pfeffer bestreuen.

4 Den Salat auf Tellern verteilen, Kleckse von der Roquefort-Mascarpone-Mischung danebensetzen. Nach Belieben mit Paprikablüten und -herzen garnieren.

Tipp

Für die Dekoration eine Paprikaschote waschen und 10 Minuten in den auf 250 °C (Gas Stufe 6, Umluft 220 °C) vorgeheizten Backofen geben. Herausnehmen, mit einem feuchten Tuch bedecken, auskühlen lassen, dann die Haut abziehen. Die enthäutete Frucht in Streifen schneiden und mit kleinen Ausstechformen Blüten, Herzen, Kreise, Kleeblätter oder Buchstaben ausstechen.

Rettich-Sauerkraut-Salat

300 g Sauerkraut + 1 weißer Rettich (250 g)
Salz + 1 Apfel + 2 EL Zitronensaft
1 Handvoll zarte Brennnesselblätter
100 g saure Sahne
2 EL Schmant + 1 TL brauner Zucker
Salz + Frisch gemahlener schwarzer Pfeffer
100 g durchwachsener Speck

Preiswert und einfach

1 Das Sauerkraut abtropfen lassen, zerkleinern und in eine Schüssel geben. Den Rettich unter fließendem Wasser abbürsten, hobeln und reichlich mit Salz bestreuen. 10 Minuten ziehen lassen.

2 Den Apfel schälen, in Viertel, dann in Würfel schneiden, dabei das Kernhaus entfernen. Die Apfelwürfel mit Zitronensaft marinieren. Die Brennnesselblätter hacken.

3 Saure Sahne, Schmant, Zucker, Salz und Pfeffer verrühren. Das Rettichwasser abgießen. Rettich, Sauerkraut und Brennnessel vermengen. Die Sahne-Schmant-Mischung unter den Salat heben. 15 Minuten ziehen lassen.

4 Den Speck würfeln, kross braten und auf den Salat streuen.

Tipp

Saure Sahne ist mit Milchsäure versetzte und gegorene Sahne, Ihr Fettgehalt liegt zwischen 10 und 30%. Die Produkte, die im Handel als »saure Sahne« bezeichnet sind, haben meistens einen Fettgehalt von 10%. Schmant ist löffelfeste saure Sahne und hat mindestens 20% Fett.

Nussiger Sauerkrautsalat

100 g Cashewkerne + 2 EL Zucker + 2 EL Weißwein
15 g Butter + 500 g Sauerkraut + 1 Schalotte
4 Möhren + 1 TL Zucker + 6 EL ÖL + 2 EL Estragonessig

Ganz einfach und raffiniert

1 Die Cashewkerne längs halbieren. Den Zucker in eine Pfanne geben und goldbraun schmelzen. Weißwein und Butter zugeben und so lange kochen, bis alles flüssig ist. Die Cashewkerne zugeben und im Karamell wenden. Vom Herd nehmen und auskühlen lassen.

2 Das Sauerkraut abtropfen lassen, fein schneiden und in eine Schüssel füllen. Die Schalotte pellen und fein schneiden. Die Möhren putzen und raspeln. Schalotte und Möhren mit dem Sauerkraut vermengen. Zucker, Öl und Essig untermischen. Mindestens 2 Stunden ziehen lassen. Vor dem Servieren die karamellisierten Cashewkerne aufstreuen.

Würziger Sauerkrautsalat

600 g Sauerkraut + 70 g Edelpilzkäse + 100 g Sahne
1 EL Schmant + 2 EL Zitronensaft + Salz
Frisch gemahlener schwarzer Pfeffer
1 Prise abgeriebene Muskatnuss
1 EL Walnussöl + 1 Handvoll Brunnenkresse

Einfach und schnell

1 Das Sauerkraut abtropfen lassen, grob zerkleinern, in eine Schüssel geben.

2 Den Edelpilzkäse mit Sahne, Schmant, Zitronensaft, Salz, Pfeffer, Muskat und Walnussöl verrühren und mit dem Sauerkraut vermischen. Die Brunnenkresse waschen, hacken und über den Salat streuen.

Sauerkrautsalat mit Medaillons

500 g Sauerkraut + 4 Kirschtomaten
1 Apfel + 2 Gewürzgurken
je 1/2 rote und grüne Paprikaschote
1 Schalotte + 1 Knoblauchzehe
1 TL Zucker + Salz
Frisch gemahlener weißer Pfeffer
4 EL Sonnenblumenöl
50 g Butterschmalz
4 Schweinemedaillons + 1 EL Senf
2 Scheiben gekochter Schinken
2 Scheiben Käse (Gouda)

Braucht etwas Zeit

1 Das Sauerkraut abtropfen lassen, zerkleinern und in eine Schüssel geben. Die Kirschtomaten in kleine Stücke schneiden und dazugeben. Den Apfel schälen, das Kernhaus entfernen und in Würfel schneiden. Die Gewürzgurken und die Paprikaschoten ebenfalls in kleine Würfel schneiden. Die Schalotte und die Knoblauchzehe pellen und fein hacken.

2 Apfel, Gurken, Paprika, Schalotte und Knoblauch unter das Kraut mischen. Mit Zucker, Salz und Pfeffer würzen. Anschließend das Öl untermengen.

3 In einer Pfanne das Butterschmalz erhitzen, das Fleisch hineingeben und auf jeder Seite 4 Minuten anbraten. Herausnehmen, in Alufolie wickeln und 5 Minuten ruhen lassen.

4 Die Medaillons mit Senf bestreichen, jeweils eine halbe Schinkenscheibe darauflegen und mit einer halben Käsescheibe bedecken. Die Stücke in eine ofenfeste Form setzen und im vorgeheizten Backofen bei 180 °C (Gas Stufe 2, Umluft 160 °C) etwa 8 Minuten backen. Die Medaillons zum Salat servieren.

Sauerkrautsalat mit Speck

750 g Sauerkraut + 200 g durchwachsener Speck
1 Zwiebel + 2 Knoblauchzehen
1 TL Butterschmalz + 4 EL Weißweinessig
100 ml Gemüsebrühe + 1/2 TL Kümmel
1 EL mittelscharfer Senf + 4 EL Öl
Salz + Frisch gemahlener schwarzer Pfeffer
1 Bund Petersilie

Deftig und preiswert

1 Das Sauerkraut abtropfen lassen, grob zerkleinern, in eine Schüssel füllen.

2 Den Speck in kleine Würfel schneiden. Die Zwiebel und die Knoblauchzehen pellen und fein hacken. In einer Pfanne das Butterschmalz erhitzen, den Speck zugeben und etwas ausbraten, Zwiebel und Knoblauch zugeben und unter Rühren glasig dünsten. Den Essig und die Brühe unterrühren, aufkochen lassen, vom Herd nehmen.

3 Kümmel, Senf und Öl unterrühren und mit dem Sauerkraut gut vermischen. Mit Salz und Pfeffer abschmecken. Anschließend 2 Stunden durchziehen lassen.

4 Die Petersilie waschen und trocknen. Ein paar Sträußchen zur Seite legen, den Rest (2 Esslöffel) hacken und über den Salat streuen. Mit den Petersiliensträußchen dekorieren.

Sauerkrautsalat mit Schafskäse

750 g Sauerkraut + 150 g weicher Schafskäse
150 g Frischkäse + 1 EL weiche Butter
4 Knoblauchzehen
1 Handvoll frische Minzeblättchen
2 EL Sonnenblumenkerne
2 EL Zitronensaft
Frisch gemahlener schwarzer Pfeffer
4 frisch gepflückte Kapuziner-
kresseblüten zum Dekorieren

Raffiniert

1 Das Sauerkraut abtropfen lassen, grob zerkleinern, in eine Schüssel füllen.

2 Den Schafskäse zerdrücken und mit Frischkäse und Butter vermischen. Die Knoblauchzehen pellen und fein schneiden. Die Minzeblättchen und die Sonnenblumenkerne fein hacken.

3 Knoblauchzehen, Minzeblättchen, Sonnenblumenkerne und Zitronensaft unter die Käsemasse mischen. Alles gut vermischen und zum Schluss mit Pfeffer würzen.

4 Das Ganze mit dem Sauerkraut gut vermischen und den Salat mit Kapuzinerkresseblüten dekorieren.

Tipp

Anstelle von Minze können Sie für diesen Salat auch Basilikum nehmen. Kräuter und Blüten, die Sie für die Rezepte verwenden, sollten natürlich ungespritzt sein. Am schönsten ist es, wenn man sich aus dem eigenen Garten bedienen kann. Aber auch auf dem Balkon oder auf dem Fensterbrett kann man viele Kräuter und auch dekorative Blühpflanzen ziehen.

Sauerkrautsalat mit Ingwerrippchen

Für den Salat

750 g Sauerkraut
2 Bund Frühlingszwiebeln
6 EL Öl + 100 g eingelegter Ingwer
2 Äpfel + 1/2 TL Zucker

Für die Rippchen

50 g frische Ingwerwurzel
2 Knoblauchzehen
3 EL Sojasauce + 4 El Sherry
1 kg Rippchen + 50 g Butterschmalz

Braucht etwas Zeit

1 Das Sauerkraut abtropfen lassen und grob zerkleinern. Die weißen und hellgrünen Teile der Frühlingszwiebeln in Ringe schneiden. In einer Pfanne das Öl erhitzen, die Zwiebelringe hineingeben und kurz darin schwenken. Vom Herd nehmen.

2 Die Äpfel schälen und raspeln. Sauerkraut, Zwiebelringe, Ingwer, Äpfel und Zucker vermischen und 2 Stunden ziehen lassen.

3 Inzwischen die Rippchen vorbereiten. Dafür den Ingwer schälen und fein reiben. Den Knoblauch pellen und fein hacken. Ingwer und Knoblauch mit der Sojasauce und dem Sherry vermischen. Die Rippchen am Knochen entlang in etwa 5 Zentimeter große Stücke schneiden und in die Marinade legen, 1 Stunde ziehen lassen, dabei mehrmals wenden.

4 Eine Saftpfanne mit Butterschmalz einfetten. Die abgetropften Rippchen auflegen und im vorgeheizten Backofen bei 220 °C (Gas Stufe 4, Umluft 200 °C) 20 Minuten braten. Dann wenden, mit der Marinade einpinseln und weitere 20 Minuten braten. Den Sauerkrautsalat auf eine Platte geben, ringsum die Rippchen anrichten. Sofort servieren. Baguette dazu reichen.

Tomaten-Basilikum-Krautsalat

500 g Sauerkraut + 2 Tomaten + 2 Knoblauchzehen
1 Schalotte + 200 g Sahnejogurt + 2 EL Schmant
1 Prise Zucker + Salz
Frisch gemahlener schwarzer Pfeffer
4 EL Öl + 1 Bund Basilikum

Ein Hauch von Italien

1 Das Sauerkraut abtropfen lassen, etwas zerkleinern, in eine Schüssel geben. Die Tomaten überbrühen und die Haut abziehen. Das Fruchtfleisch in Würfel schneiden und zum Sauerkraut geben.

2 Knoblauchzehen und Schalotte pellen, fein hacken und mit dem Sahnejogurt, Schmant, Zucker, Salz, Pfeffer und Öl vermischen. Basilikum waschen, trocken tupfen, fein hacken und darüberstreuen.

Curry-Krautsalat mit Avocados

600 g Sauerkraut + 1 unbehandelte Limette
2 reife Avocados + 1 TL brauner Zucker
Salz + 1 TL Currypulver
100 g Sahne + 2 EL Schmant
2 EL geröstete Pinienkerne

Süßsaure Exotik

1 Das Sauerkraut abtropfen lassen und in eine Schüssel geben.

2 Die Limettenschale abreiben, dann die Limette auspressen. Die Avocados der Länge nach halbieren, die Steine herauslösen. Das Avocadofleisch ausschaben und mit Zucker, Salz, Currypulver, Limettenschale und -saft verrühren. Zum Schluss die Sahne, den Schmant und das Sauerkraut untermischen. Mit Pinienkernen bestreuen.

Aprikosen-Sauerkraut-Salat

+ +

Für den Salat

125 g getrocknete Aprikosen + 1/4 l Weißwein
600 g Sauerkraut + 2 Schalotten
1 EL Zucker + Schwarzer Pfeffer, grob zerstoßen
6 EL Walnussöl + 6 EL heller Traubensaft
200 g helle Weintrauben + Dünn abgeschälte Schale von 1 Orange
2 EL geröstete Pinienkerne

Für die Senfrauke-Beignets

1 Sträußchen Senfrauke-Blüten (auch als Rucola im Handel)
200 g Mehl + 1 EL Speisestärke + 2 Eigelb
1 EL zerlassene Butter + 200 ml helles Bier
Salz + Frisch gemahlener weißer Pfeffer
Traubenkernöl zum Frittieren

Außerdem

Einige frisch gepflückte, gereinigte Blüten zum Garnieren

+ +

Aufwendig und raffiniert

1 Die Aprikosen in der Hälfte des Weines über Nacht einweichen. Am nächsten Tag abgießen und den Sud auffangen. Das Sauerkraut abtropfen lassen, grob zerkleinern. Die Schalotten pellen und fein hacken, mit dem Sauerkraut, dem restlichen Weißwein, Zucker, Pfeffer, Öl, Traubensaft und Aprikosensud in eine Schüssel geben und vermischen.

2 Die Aprikosen klein schneiden, die Trauben halbieren und entkernen. Die Orangenschale in feine Streifen schneiden. Aprikosen, Trauben und Orangenschale mit dem Kraut vermengen. Kurz vor dem Servieren die gerösteten Pinienkerne aufstreuen.

3 Für die Beignets die Blüten reinigen. Mehl, Speisestärke, Eigelb, Butter und Bier glatt rühren. Mit Salz und Pfeffer würzen. In einem Topf das Öl erhitzen. Die Blüten in den Teig tauchen und im Öl goldgelb backen. Den Salat auf eine große Platte geben, ringsum die Beignets anordnen. Mit Blüten dekorieren und sofort servieren.

Sauerkrautsalat mit Papayas

400 g Sauerkraut + 30 g Ingwer
2 reife Papayas + 1 unbehandelte Limette
2 TL brauner Zucker + 5 EL Gin
3 EL Pinienkerne
2 Karambolen + Einige Blütenblätter von frisch gepflückten, gereinigten Rosen zum Garnieren

Braucht etwas Zeit

1 Das Sauerkraut abtropfen lassen und zerkleinern. Den Ingwer schälen und reiben. Die Papayas halbieren und die Kerne entfernen. Die Hälften schälen, das Fruchtfleisch in Scheiben schneiden und in eine Schüssel geben.

2 Die Limette waschen, dünn abschälen, die Schale in feine Streifen schneiden. Die Limette auspressen. Ingwer, Limettensaft und -schale, Zucker und Gin vermischen und über die Papayastücke gießen. 30 Minuten im Kühlschrank ziehen lassen. Mit dem Sauerkraut vermischen.

3 Die Pinienkerne trocken rösten. Die Karambolen in Scheiben schneiden. Den Salat mit den Pinienkernen bestreuen, mit den Karambolen und Rosenblütenblättern garnieren.

Tipp

Verwenden Sie Rosenblütenblätter von roten Rosen, diese bilden einen schönen Kontrast zu den orangegelben Papayas im Salat und zu den hellgelben Sternen der Karambolen.
Beim Kauf von tropischen Früchten ist es besonders schwierig, den richtigen Reifegrad zu bestimmen. Die Papayas – eigentlich Früchte eines Melonenbaumes – entfalten nur dann ihren typischen süßen, melonenartigen Geschmack, wenn sie richtig reif sind. Unreife Früchte lassen sich hingegen gut zu Chutney oder Konfitüre verarbeiten. Bei einer reifen Papaya beginnt die Schale, sich an einigen Stellen gelb zu verfärben. Die Schale gibt außerdem auf leichten Fingerdruck nach. Halbreife Früchte reifen bei Zimmertemperatur nach.

Fruchtiger Sauerkrautsalat

30 g Mandelblättchen + 500 g Sauerkraut
1 Zwiebel + 1 Apfel
30 g Butterschmalz + 1/8 l süßer Cidre
1/2 Lorbeerblatt + Salz
1/2 TL Zucker + 2 rosa Grapefruits
2 Orangen + 2 EL Campari
6 EL Weißwein + 6 EL Grapefruitsaft
1 EL Zucker + 1 kleiner Kopf Eisbergsalat
6–8 frisch gepflückte, gereinigte blaue Stiefmütterchen für die Dekoration

Herrlich exotisch

1 Mandelblättchen ohne Fett goldgelb rösten. Das Sauerkraut ausdrücken und grob zerkleinern. Die Zwiebel pellen und fein hacken. Den Apfel schälen und in Spalten schneiden, dabei das Kernhaus entfernen. In einem Topf das Butterschmalz erhitzen, die Zwiebeln andünsten, das Kraut mit dem Apfel, Cidre und dem Lorbeerblatt dazugeben; zugedeckt 20 Minuten garen. Mit Salz und Zucker würzen; abkühlen lassen.

2 Grapefruits und Orangen schälen und filetieren. Campari, Weißwein, Grapefruitsaft und Zucker verrühren, die Grapefruit- und Orangenfilets darin marinieren.

3 Den Eisbergsalat putzen, waschen, vierteln und danach in 2 Zentimeter breite Streifen schneiden. Eine Platte mit dem Eisbergsalat auslegen, darauf das Sauerkraut verteilen, ringsum die Fruchtfilets anordnen und mit Mandelblättchen bestreuen. In die Mitte Stiefmütterchen legen.

Tipp

Verwenden Sie als Variante Avocados statt Fruchtfilets: 2 Avocados schälen, halbieren, die Steine herausnehmen. Die Hälften quer in 1 Zentimeter dicke Scheiben schneiden, auf die Platte legen und mit Salz und Pfeffer würzen. 2 Esslöffel Zitronensaft, 1 Prise Zucker und 2 Esslöffel Öl verrühren und über die Avocados gießen.

Sülze

12 Blatt weiße Gelatine
500 g Sauerkraut + 1 Zwiebel
50 g Schweineschmalz
1/8 l Weißwein + 500 g geräucherte Putenbrust
8 kleine Gewürzgurken + 1 Möhre
1/2 l entfettete Fleischbrühe
Salz + Frisch gemahlener weißer Pfeffer
1/2 TL Zucker + 1/2 Bund Petersilie

Braucht etwas Zeit

1 Die Gelatine in kaltem Wasser einweichen.

2 Das Sauerkraut abtropfen lassen. Die Zwiebel schälen und hacken. Das Schmalz erhitzen, die Zwiebeln darin andünsten, das Kraut und den Weißwein zufügen. 35 Minuten garen und auskühlen lassen.

3 Die Putenbrust in feine Streifen schneiden. Die Gurken halbieren und die Hälften in Fächer schneiden. Die Möhre putzen und in Scheiben schneiden. Sauerkraut abtropfen lassen. Kraut, Putenbrust, Möhrenscheiben und Gurkenfächer auf kleine Schüsseln verteilen.

4 Die Fleischbrühe leicht erwärmen, die ausgedrückte Gelatine in der Brühe auflösen, mit Salz, Pfeffer und Zucker würzen. Die Brühe in die Schüsseln gießen, sodass die Zutaten bedeckt sind. In die Mitte jeweils ein kleines Petersiliensträußchen geben. Die Sülze im Kühlschrank fest werden lassen.

Tipp

Servieren Sie die Sülze zu dunklem Roggenbrot, Sauerkrautbrot (Rezept → Seite 110) oder zu Bratkartoffeln.

Sauerkrauttoast

250 g Sauerkraut + 1 Schalotte
1 EL Butterschmalz + 6 EL Weißwein
Salz + Frisch gemahlener schwarzer Pfeffer
4 Scheiben Vollkorntoast
8 Scheiben Butterkäse
150 g Mascarpone + 4 EL Sahne
Salz + Frisch gemahlener weißer Pfeffer

Schlicht und lecker

1 Das Sauerkraut abtropfen lassen und zerkleinern. Die Schalotte pellen und fein hacken.

2 In einem Topf das Butterschmalz erhitzen, die Schalotte andünsten, das Kraut und den Wein zugeben und 10 Minuten garen. Mit Salz und Pfeffer abschmecken.

3 Den Toast leicht rösten, mit je 1 Scheibe Käse belegen. Das Kraut darauf verteilen und mit dem restlichen Käse bedecken. Im vorgeheizten Backofen bei 220 °C (Gas Stufe 4, Umluft 200 °C) etwa 8 Minuten überbacken.

4 Mascarpone und Sahne verrühren, mit Salz und Pfeffer würzen, zum Toast reichen.

Kräftiges Sauerkrautbrot

400 g Sauerkraut
4 Scheiben Bauernbrot
30 g Butter
4 Tomaten + Salz
Frisch gemahlener schwarzer Pfeffer
12 gefüllte Oliven + 200 g Salami
150 g Käse zum Reiben
(Gouda oder Emmentaler)

Geht schnell

1 Das Sauerkraut bissfest garen.

2 Die Brotscheiben mit Butter bestreichen. Die Tomaten mit kochendem Wasser überbrühen, die Haut abziehen, die Tomaten in Scheiben schneiden, den Strunk entfernen. Tomatenscheiben auf dem Brot anordnen und mit Salz und Pfeffer würzen.

3 Das Sauerkraut abtropfen lassen, auf die Tomatenscheiben geben, mit halbierten Oliven belegen. Die Salami in dünne Scheiben schneiden und auf den Broten verteilen. Den Käse reiben und alles damit bestreuen.

4 Im vorgeheizten Backofen bei 200 °C (Gas Stufe 3, Umluft 180 °C) so lange überbacken, bis der Käse schmilzt.

Tipp

Das Sauerkraut wird vor dem Verarbeiten nicht gewaschen, denn dabei würden viele Mineralstoffe und Vitamine verloren gehen. Es bekommt Pfiff, wenn es mit trockenem Weißwein, Sekt oder Sherry verfeinert wird.

Suppen und Eintöpfe

Spritzige Sauerkrautsuppe

150 g Speck + 1 kleine Zwiebel
500 g Sauerkraut + 1 EL Sonnenblumenöl
5 Wacholderbeeren + 1 Lorbeerblatt
3/4 l Fleischbrühe + 2 Kartoffeln
1/4 l Sekt + 4 EL Schmant + Salz + Pfeffer
1 Handvoll frisch gepflückte,
gereinigte Thymianblättchen und -blüten

Ganz einfach

1 Den Speck in kleine Würfel schneiden. Die Zwiebel pellen und fein hacken. Das Sauerkraut abtropfen lassen und grob zerkleinern. In einem Topf das Öl erhitzen, die Speckwürfel hineingeben und kross braten, die Zwiebel zufügen und kurz mitbraten. Sauerkraut, Wacholderbeeren und Lorbeerblatt hinzufügen, kurz durchschwenken und die Brühe angießen. 20 Minuten bei geringer Hitze kochen.

2 Die Kartoffeln schälen, reiben und zur Suppe geben. 2 Minuten weiter köcheln lassen. Lorbeerblatt und Wacholderbeeren entfernen, den Sekt dazugießen und den Schmant unterrühren. Mit Salz und Pfeffer abschmecken.

3 Auf vorgewärmte Teller füllen und mit den Thymianblättchen und -blüten verzieren.

Tipp

Zu den meisten Sauerkrautgerichten gehört süße oder saure Sahne. Dies bindet das Gericht und gleicht die Säure des Krauts ein wenig aus. Wenn Sie eher fettarm kochen möchten, können Sie hier ein wenig reduzieren: Die Sahne können Sie zur Hälfte mit Milch ersetzen, und statt Schmant oder Crème fraîche nehmen Sie saure Sahne.

Sauerkrautsuppe mit Rosmarinblüten

Für die Blüten

2 EL Zucker + 6 EL Weißwein + 1 Handvoll frisch gepflückte, gereinigte Rosmarinblüten

Für die Suppe

250 g Sauerkraut + 1 Schalotte
80 g Butter + 1/8 l Sauerkrautsaft
1/8 l Weißwein + 100 g Sahne
2 EL Zitronensaft + 1/2 l Fleischbrühe
2 EL Crème fraîche + 1 Prise Muskat + Salz
Frisch gemahlener weißer Pfeffer
1/2 Bund Schnittlauch + 200 g Schinken

Hübsche Sommersuppe

1 Für die Blüten den Weißwein in einem Topf erwärmen, den Zucker darin schmelzen und karamellisieren. Die Blüten hineingeben und den Topf mehrmals hin- und herschwenken. Den Topf vom Herd nehmen und die Blüten auskühlen lassen.

2 Für die Suppe das Sauerkraut abtropfen lassen und fein schneiden. Die Schalotte pellen und fein würfeln. In einem Topf die Butter erhitzen, die Schalottenwürfel darin glasig dünsten. Sauerkrautsaft und Weißwein zugießen und die Flüssigkeit auf die Hälfte einkochen lassen.

3 Sahne, Zitronensaft und Fleischbrühe zugießen, kurz aufkochen lassen, dann vom Herd nehmen und die Crème fraîche einrühren. Das Sauerkraut einrühren und nochmals leicht erwärmen, aber nicht zum Kochen bringen. Mit Muskat, Salz und Pfeffer abschmecken.

4 Den Schnittlauch waschen und in Röllchen schneiden, den Schinken würfeln. Die Suppe auf vorgewärmte Suppenteller verteilen und mit Schnittlauch und Schinkenwürfeln bestreuen. Ringsum mit den karamellisierten Rosmarinblüten garnieren.

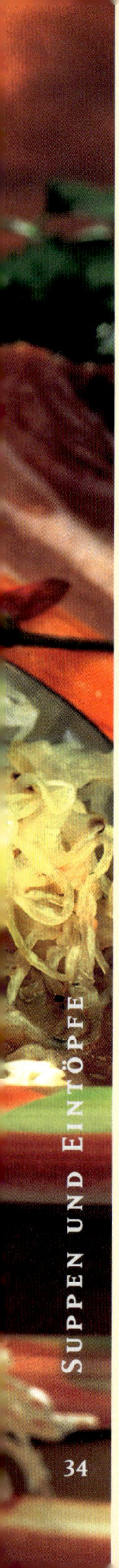

Sauerkrautsuppe mit Kidneybohnen

150 g getrocknete Kidneybohnen
500 g Sauerkraut + 1 Zwiebel
100 g durchwachsener Speck
50 g Schweineschmalz
1 l Fleischbrühe + 1 Birne + 1 Kartoffel
1/8 l Schlagsahne + Salz
Frisch gemahlener schwarzer Pfeffer
50 g Butter + 100 g geriebenes Schwarzbrot
2 EL Reibekäse

Lecker und aromatisch

1 Die getrockneten Kidneybohnen in eine Schüssel geben, mit Wasser bedecken und über Nacht einweichen. Die Flüssigkeit abgießen. Die Bohnen mit 1/4 Liter Wasser zum Kochen bringen, zugedeckt 90 Minuten garen.

2 Das Sauerkraut abtropfen lassen und grob zerkleinern. Die Zwiebel pellen und klein schneiden. Den Speck in kleine Würfel schneiden. In einem Topf das Schmalz erhitzen, den Speck ausbraten, die Zwiebel zugeben, andünsten, das Kraut hineingeben, die Brühe angießen und zugedeckt 35 Minuten garen.

3 Die Birne schälen, das Kernhaus entfernen, in Würfel schneiden und zum Kraut geben. Die Kartoffel schälen und an das Kraut reiben. 5 Minuten garen.

4 Die Schlagsahne zufügen und einrühren. Die Bohnen zugeben, alles kurz aufkochen, mit Salz und Pfeffer abschmecken.

5 In einer Pfanne die Butter erhitzen, das geriebene Schwarzbrot darin anrösten und anschließend mit dem Käse vermischen. Die Suppe auf vorgewärmten Suppentellern verteilen und mit dem gerösteten Schwarzbrot bestreuen.

Waldpilz-Sauerkraut-Suppe

4 EL getrocknete Waldpilze
1/2 Zwiebel + 50 g Butterschmalz
1 EL Mehl + 1 l Fleischbrühe
300 g Sauerkraut + 1 Lorbeerblatt
6 Wacholderbeeren + 4 EL saure Sahne
Salz + 1/2 TL Zucker + 2 EL Weißweinessig
150 g durchwachsener Speck
1 Handvoll frisch gepflückte,
gereinigte Gänseblümchen zum Garnieren

Geht schnell

1 Die Pilze in wenig Wasser einweichen. Die Zwiebel pellen und fein hacken. Das Butterschmalz erhitzen, das Mehl einrühren. Zwiebeln und Pilze mit dem Einweichwasser dazugeben, nach und nach die heiße Brühe angießen und verrühren.

2 Das Sauerkraut abtropfen lassen, grob zerkleinern und mit dem Lorbeerblatt und den zerdrückten Wacholderbeeren zu den Pilzen und Zwiebeln geben. 20 Minuten bei mittlerer Hitze garen. Saure Sahne einrühren. Mit Salz, Zucker und Essig würzen.

3 Den Speck in kleine Würfel schneiden, kross ausbraten und zur Suppe geben. Auf vorgewärmte Teller füllen und mit den nussig schmeckenden Gänseblümchen garnieren.

Tipp

Aus Gänseblümchen kann man übrigens auch Tee zubereiten. Die Blüten wirken schmerz- und krampfstillend. Für Tee verwendet man in der Regel getrocknete Gänseblümchen, die z. B. mit Lindenblüten und Pfefferminzblättern gemischt werden können.

Rindfleisch-Sauerkraut-Suppe

500 g Rindfleisch + 500 g Sauerkraut
2 Kartoffeln + 1 Bund Suppengrün
1 weiße Rübe + 2 Zwiebeln
80 g Butter + 2 Lorbeerblätter + Salz
Frisch gemahlener schwarzer Pfeffer
2 Tomaten + 4 EL saure Sahne

Ganz einfach

1 Das Fleisch waschen und in einen Topf geben. So viel Wasser zugießen, bis das Fleisch reichlich bedeckt ist. Zum Kochen bringen und 1 Stunde köcheln lassen. Zwischendurch immer mal wieder den Schaum abnehmen, der sich an der Oberfläche bildet.

2 Das Sauerkraut abtropfen lassen, grob zerkleinern, zum Fleisch geben. Die Kartoffeln schälen, in Würfel schneiden und ebenfalls zum Fleisch geben.

3 Das Suppengrün und die Rübe putzen, die Zwiebeln pellen, alles klein schneiden. In einer Pfanne die Butter erhitzen, Suppengrün, Rübe und Zwiebeln hineingeben, 5 Minuten dünsten und dann alles zum Fleisch geben.

4 Die Lorbeerblätter ebenfalls zum Fleisch geben und alles 20 Minuten köcheln lassen. Mit Salz und Pfeffer würzen. Das Fleisch herausnehmen.

5 Die Tomaten überbrühen, häuten, in Würfel schneiden, dabei den Strunk entfernen. Zu der Suppe geben und 1 Minute ziehen lassen. Das Fleisch in mundgerechte Würfel schneiden, auf vorgewärmten Tellern verteilen und die Suppe darübergeben. Jeweils in die Mitte einen Klecks saure Sahne setzen.

Tipp

Weiße Rüben haben roh einen beißenden Geschmack. Er verschwindet jedoch, wenn sie gekocht und z. B. mit Sahne verfeinert werden.

Russische Sauerkrautsuppe

500 g Hammelfleisch + 500 g Sauerkraut
3 EL Tomatenmark + 1 Bund Suppengrün
1 Zwiebel + 50 g Butterschmalz
1 Lorbeerblatt + 2 EL Mehl + Salz
Frisch gemahlener schwarzer Pfeffer
3 Knoblauchzehen + 1 Bund Petersilie
4 EL saure Sahne

Herzhaft und deftig

1 Das Fleisch waschen und in einen Topf füllen. Mit Wasser bedecken, aufkochen und 90 Minuten köcheln lassen.

2 Inzwischen das Sauerkraut abtropfen lassen, grob zerkleinern, in einen zweiten Topf füllen, Tomatenmark und 1/8 Liter Wasser zugeben, zugedeckt 15 Minuten garen.

3 Das Suppengrün putzen, die Zwiebel pellen, alles klein schneiden. In einer Pfanne das Butterschmalz erhitzen, Suppengrün und Zwiebel hineingeben und 5 Minuten dünsten.

4 Das Fleisch aus der Brühe nehmen und in mundgerechte Stücke schneiden. Warm stellen. Das gedünstete Gemüse, das Sauerkraut und das Lorbeerblatt in die Brühe geben und 20 Minuten bei geringer Hitze ziehen lassen. Das Mehl in etwas kaltem Wasser verrühren, die Suppe damit binden, salzen und pfeffern. Die Knoblauchzehen pellen, auspressen, zur Suppe geben.

5 Die Petersilie waschen und fein hacken. Die Fleischstücke auf vorgewärmten Tellern verteilen, die Suppe darübergeben. In die Mitte jeweils einen Klecks saure Sahne setzen. Mit der Petersilie bestreuen.

Tipp

Kislye Schtschi – so der Name dieser russischen Köstlichkeit. Danach ein Gläschen Wodka kann nicht schaden!

Sauerkrautsuppe mit Cidre

200 g Sauerkraut + 2 Zwiebeln
1 EL Butter + 3 EL Apfelmus
1/2 TL Kümmel + 1 TL Parikapulver edelsüß
1/2 l Cidre + 4 Kartoffeln (fest kochend)
Salz + 1 Apfel + Saft von 1/2 Zitrone
100 g Sahne + 2 EL Schmant
1/2 TL Zucker + Salz
Frisch gemahlener weißer Pfeffer
Dillblüten zum Garnieren

Raffinierte Variante

1 Das Sauerkraut abtropfen lassen und zerkleinern. Die Zwiebeln pellen und fein hacken. In einem Topf die Butter zerlassen, die Zwiebeln darin andünsten. Kraut, Apfelmus, Kümmel und Paprikapulver zugeben. 1/2 Liter Wasser und den Cidre angießen. Zum Kochen bringen und zugedeckt 25 Minuten köcheln lassen.

2 Inzwischen die Kartoffeln schälen, in kleine Stücke schneiden und in Salzwasser 10 Minuten kochen. Herausnehmen, abtropfen lassen.

3 Den Apfel schälen, in Viertel, dann in Spalten schneiden, dabei das Kernhaus entfernen. Die Apfelstücke mit Zitrone beträufeln. Sahne und Schmant zur Krautsuppe geben, dann die Kartoffel- und Apfelstückchen zufügen und alles noch 3 Minuten köcheln lassen. Mit Zucker, Salz und Pfeffer würzen.

4 Die Suppe auf vorgewärmte Teller verteilen und mit Dillblüten garnieren.

Tipp

Sauerkraut ist sehr gesund! Die meisten Vitamine und Mineralstoffe liefert es, wenn es roh gegessen wird, doch auch gedünstetes Kraut enthält noch sehr viele Nährstoffe, denn die Brühe wird immer mitverwendet. Sie können also bedenkenlos variieren.

Deftige Sauerkrautsuppe

1 Schalotte + 400 g Sauerkraut
100 g Butterschmalz + 1 EL Mehl
1 l Fleischbrühe + 1 Lorbeerblatt
2 Wacholderbeeren + 4 Pfefferkörner
1 TL Paprikapulver edelsüß
Salz + 1/2 TL Zucker + 2 EL Zitronensaft
100 g saure Sahne + 4 Bratwürste

Herzhaft und schlicht

1 Die Schalotte pellen und fein hacken. Das Sauerkraut abtropfen lassen und fein schneiden.

2 In einem Topf 50 Gramm Butterschmalz erhitzen, die Schalotte hineingeben, kurz andünsten, das Mehl einrühren, eine Schwitze bereiten, nach und nach die Brühe angießen. Gut verrühren, dann Sauerkraut, Lorbeerblatt, Wacholderbeeren und Pfefferkörner unterrühren. Zugedeckt 20 Minuten garen. Mit Paprikapulver, Salz, Zucker und Zitronensaft würzen und mit der sauren Sahne verfeinern. Warm stellen.

3 Die Bratwürste in Scheiben schneiden. In einer Pfanne das restliche Butterschmalz erhitzen, die Wurstscheiben auf beiden Seiten knusprig braten. Die Suppe auf vorgewärmte Teller füllen, die Bratwurstscheiben darauf verteilen.

Tipp

Statt der Bratwürste können Sie auch Knoblauchwurst zu der Sauerkrautsuppe geben. Diese wird jedoch nicht separat angebraten, sondern ganz einfach in mundgerechte Stücke geschnitten und in der Suppe erhitzt.

Sauerkrauttopf mit Wiener Würstchen

100 g durchwachsener Speck + 2 Zwiebeln
2 Äpfel + 600 g Sauerkraut
400 g Kartoffeln + 4 Paar Wiener Würstchen
1 EL Butterschmalz + Salz + 1 TL Kümmel
300 ml Fleischbrühe + 1/8 l Milch
1 TL Zitronensaft + 1/2 TL Speisestärke
1 TL Paprikapulver edelsüß + 1 Handvoll frisch gepflückte, gereinigte Majoranblüten
Einige Thymianblättchen

Einfach und herzhaft

1 Den Speck in kleine Würfel schneiden. Die Zwiebeln pellen und fein hacken. Die Äpfel ausstechen, schälen und in Scheiben schneiden. Das Sauerkraut abtropfen lassen und grob zerkleinern. Die Kartoffeln schälen und in dünne Scheiben schneiden. Die Würstchen ebenfalls in Scheiben schneiden.

2 In einem Topf das Butterschmalz erhitzen, den Speck darin ausbraten. Die Hälfte des Sauerkrauts dazugeben. Zwiebeln, Apfel- und Kartoffelscheiben und Würstchen darauf verteilen. Mit Salz und Kümmel bestreuen. Das restliche Sauerkraut darübergeben und die Fleischbrühe angießen. Zugedeckt 25 Minuten garen.

3 Milch, Zitronensaft, Speisestärke und Paprikapulver verquirlen, zum Krauttopf geben und das Ganze noch 2 Minuten köcheln lassen. Den Eintopf auf vorgewärmten Tellern verteilen und mit Majoranblüten und Thymianblättchen garnieren.

Tipp

Erst durch Schmalz kommt das ureigene Aroma des Sauerkrauts richtig zur Geltung. Dabei können Sie wählen zwischen dem kräftigen Schweineschmalz oder dem etwas milderen Butterschmalz.

Gemüsesuppe

100 g durchwachsener Speck
150 g Sauerkraut
1 Möhre + 100 g Lauch
200 g Knollensellerie mit Grün
800 g Kartoffel (mehlig kochend)
1/2 kl. Zwiebel + 1 EL Butterschmalz
1 1/4 l Fleischbrühe
250 g Sahne + 4 EL Schmant
Schnittlauchröllchen zum Garnieren

Braucht etwas Zeit

1 Den Speck in kleine Würfel schneiden. Das Sauerkraut abtropfen lassen, fein zerkleinern und beiseitestellen. Möhre und Lauch putzen und in Scheiben schneiden. Sellerie schälen und würfeln. Die Kartoffeln schälen und grob zerkleinern. Die Zwiebel pellen und hacken.

2 In einem Topf das Butterschmalz erhitzen, den Speck hineingeben und ausbraten, die Zwiebeln zufügen und kurz mitbraten, Möhre, Lauch, Sellerie, Kartoffeln und 2 Stiele vom Selleriegrün zugeben und die Brühe angießen. 20 Minuten garen.

3 Die Selleriestiele herausnehmen und die Suppe durch ein Sieb streichen. Die Sahne unterrühren und die Suppe noch einmal kurz aufkochen lassen. Zum Schluss das Sauerkraut in den Topf geben und darin kurz erwärmen.

4 Die Suppe auf vorgewärmte Teller verteilen und in die Mitte jeweils einen Klecks Schmant setzen. Mit Schnittlauchröllchen bestreuen.

Tipp

Sahne und Schmant machen die Gemüsesuppe sehr lecker, aber auch recht kalorienhaltig. Wenn Sie es etwas leichter mögen, ersetzen Sie die Hälfte der Sahne durch Milch und verwenden saure Sahne anstelle von Schmant. Auf diese Weise können Sie einiges an Fett einsparen.

Wein-Sauerkraut-Topf

500 g Kaninchenfleisch ohne Knochen
Salz + Frisch gemahlener schwarzer Pfeffer
2 Schalotten + 125 g durchwachsener Speck
1 EL Butterschmalz + 500 g Sauerkraut
1/4 l trockener Weißwein + 500 g Kartoffeln
1/2 l Fleischbrühe + 100 g Sahne
Salz + Pfeffer

Raffiniert

1 Das Kaninchenfleisch waschen, trocken tupfen, in mundgerechte Stücke schneiden und mit Salz und Pfeffer würzen. Die Schalotten pellen und in feine Scheiben schneiden. Den Speck fein würfeln.

2 In einer Pfanne das Butterschmalz erhitzen und die Speckwürfel darin kross braten. Das Fleisch dazugeben und ringsum anbraten. Vom Herd nehmen.

3 Das Sauerkraut abtropfen lassen und zerkleinern. Mit dem Weißwein und den Schalotten in einen Topf geben und zum Kochen bringen. Fleisch- und Speckwürfel dazugeben und alles 30 Minuten garen.

4 Inzwischen die Kartoffeln schälen, waschen und in Stücke schneiden. Mit der Fleischbrühe zum Kraut geben und 15 Minuten mitgaren. Zum Schluss die Sahne einrühren und mit Salz und Pfeffer abschmecken.

Tipp

Bei den meisten Suppen und Eintöpfen mit Sauerkraut wird am Schluss Sahne untergerührt. Damit wird das Gericht gebunden, bekommt eine angenehme Konsistenz und eine feine Geschmacksnuance. Wer das Gericht etwas magerer wünscht, kann einen Teil der Sahne durch Milch ersetzen.

Bigos

400 g Sauerkraut + 300 g Weißkohl
125 g durchwachsener Speck
10 g getrocknete Pilze
400 g mageres Schweinefleisch ohne Knochen
2 Zwiebeln + 1 Knoblauchzehe
50 g Butterschmalz + 50 g Tomatenmark
1 Lorbeerblatt + Salz
Frisch gemahlener schwarzer Pfeffer
1 Prise Zucker + 150 g Knackwurst + 1/8 l Rotwein

Einfach und herzhaft

1 Das Sauerkraut abtropfen lassen und zerkleinern. Den Weißkohl von welken Blättern befreien, waschen und ebenfalls zerkleinern. Den Speck in kleine Würfel schneiden. Das Fleisch waschen, in mundgerechte Stücke schneiden. Die Zwiebeln und den Knoblauch pellen und fein hacken.

2 In einem Topf das Butterschmalz erhitzen, Speck, Fleisch, Zwiebeln und Knoblauch hineingeben und anbraten. Sauerkraut, Weißkohl, getrocknete Pilze, Tomatenmark, Lorbeerblatt, Salz, Pfeffer und Zucker zufügen.

3 Die Wurst in Scheiben schneiden und ebenfalls zugeben. So viel Wasser angießen, dass die Mischung vollständig bedeckt ist. Alles 90 Minuten lang garen. Rotwein unterrühren. Mit Schwarzbrotscheiben zu Tisch bringen.

Tipp

Statt der Knackwurst können Sie auch Wiener Würstchen, grobe Mettwurst oder herzhafte Knoblauchwurst verwenden. Kartoffelwürfel kann man diesem Gericht ebenso gut beigeben. Besonderen Pfiff erhält dieser traditionelle polnische Krauttopf, wenn Sie 200 Gramm klein geschnittene Trockenpflaumen untermischen. Angeblich soll Bigos nach wiederholtem Aufwärmen immer besser schmecken.

Sauerkrauttopf mit Paprika

2 Zwiebeln + 2 Knoblauchzehen
400 g gekochter Schinken
1 kg Sauerkraut
30 g Butterschmalz
1 TL Paprikapulver edelsüß
1/2 l Fleischbrühe + 1 Lorbeerblatt
1/2 TL Kümmel + Salz
2 rote Paprikaschoten
4 EL saure Sahne

Braucht etwas Zeit

1 Die Zwiebeln und die Knoblauchzehen pellen und fein hacken. Den Schinken in 4 Zentimeter große Würfel schneiden. Das Sauerkraut abtropfen lassen und grob zerkleinern.

2 In einem Topf das Butterschmalz erhitzen, die Zwiebeln und den Knoblauch hineingeben und andünsten. Das Paprikapulver zugeben und kurz anschwitzen. Die Brühe angießen. Schinkenwürfel, Sauerkraut, Lorbeerblatt, Kümmel und Salz zufügen. Alles zugedeckt 25 Minuten garen.

3 Die Paprikaschoten waschen, putzen, das Fruchtfleisch in grobe Stücke teilen und mit 2 Esslöffel Wasser im Mixer pürieren. Das Paprikapüree zum Sauerkraut geben und 2 Minuten köcheln lassen. Auf vorgewärmte Suppenteller verteilen, in die Mitte jeweils einen Klecks saure Sahne geben und servieren. Besonderen Pfiff bekommt das Gericht, wenn Sie es mit Paprikablüten (Rezept → Tipp Seite 12) garnieren.

Rheinischer Sauerkrauttopf

3 Zwiebeln + 3 Knoblauchzehen
1 kg Sauerkraut + 50 g Gänseschmalz
2 Nelken + 6 Wacholderbeeren
2 Lorbeerblätter + Salz
Frisch gemahlener schwarzer Pfeffer
1 TL brauner Zucker
250 g durchwachsener Speck
1/4 l Weißwein + 2 Äpfel + 300 g Mettwurst
150 g Schwarzbrot + 50 g Butter

Leckere Kombination

1 Die Zwiebeln und die Knoblauchzehen pellen und fein hacken. Das Sauerkraut abtropfen lassen und grob zerkleinern.

2 In einem Topf das Schmalz erhitzen, die Zwiebeln darin andünsten, Knoblauchzehen, die Hälfte des Sauerkrauts, Nelken, Wacholderbeeren und Lorbeerblätter dazugeben. Mit Salz, Pfeffer und Zucker würzen. Den Speck in Scheiben schneiden und auf das Kraut legen. Das restliche Sauerkraut daraufgeben. Den Wein angießen.

3 Das Kerngehäuse der Äpfel ausstechen. Die Äpfel schälen, in feine Scheiben schneiden und auf das Kraut geben. Zugedeckt 15 Minuten garen, dabei hin und wieder umrühren und wenn nötig etwas Wasser zufügen. Die Mettwurst in Scheiben schneiden, auf das Kraut legen und 10 Minuten mitschmoren lassen.

4 Das Schwarzbrot in kleine Würfel schneiden. In einer Pfanne die Butter zerlassen, die Brotwürfel darin rösten. Das Kraut auf vorgewärmten Tellern verteilen und die gerösteten Brotwürfel darüberstreuen.

Tipp

Servieren Sie zu den Suppen und Eintöpfen französisches Landbrot oder Baguette. Zu dem Rheinischen Sauerkrauttopf passt auch Roggenbrot sehr gut.

Budapester Sauerkrauttopf

750 g Sauerkraut
2 Zwiebeln + 2 Knoblauchzehen
100 g fetter Speck
50 g Schweineschmalz + 1/4 l Fleischbrühe
2 Paar Debrecziner Würstchen
4 kleine Delikatessgurken
2 EL Tomatenmark
1 EL Paprikapulver edelsüß
1 TL Paprikapulver rosenscharf
4 Kartoffeln + 4 EL saure Sahne

Herzhaftes aus Ungarn

1 Das Sauerkraut abtropfen lassen und zerkleinern. Die Zwiebeln und die Knoblauchzehen pellen und hacken. Den Speck in kleine Würfel schneiden.

2 In einem Topf das Schmalz erhitzen, den Speck hineingeben und ausbraten, die Zwiebeln und den Knoblauch zugeben und kurz mitbraten. Das Sauerkraut und die Brühe zufügen.

3 Die Würstchen und die Gurken in Scheiben schneiden und mit dem Tomatenmark und Paprikapulver zum Kraut geben. Das Ganze 20 Minuten garen, dabei hin und wieder umrühren.

4 Die Kartoffeln schälen, in kleine Würfel schneiden, zum Kraut geben, noch weitere 10 Minuten garen, bis die Kartoffeln weich sind. Den Sauerkrauttopf auf vorgewärmten Tellern verteilen, in die Mitte jeweils einen Klecks saure Sahne geben.

Tipp

Für alle Rezepte in diesem Buch wurde frisches Sauerkraut verwendet. Das bekommen Sie direkt vom Fass, dann ist es nur ein bis zwei Tage haltbar. Frisches Sauerkraut, das Sie in Tüten abgepackt im Supermarkt kaufen können, ist länger haltbar.

Exotischer Sauerkrauttopf

750 g Sauerkraut
2 Schalotten + 2 Knoblauchzehen
50 g frische Ingwerwurzel
50 g Butterschmalz + 2 TL brauner Zucker
1 TL Currypulver + 2 TL Sojasauce
1/4 l Weißwein
300 g gares Hähnchenfleisch
4 Karambolen

Für Sternstunden

1 Das Sauerkraut abtropfen lassen und zerkleinern. Die Schalotten und die Knoblauchzehen pellen und fein hacken. Die Ingwerwurzel schälen und fein reiben.

2 In einem Topf das Butterschmalz erhitzen, Schalotten und Knoblauch zugeben und kurz andünsten. Das Sauerkraut dazugeben, Ingwer, Zucker, Currypulver und Sojasauce unterrühren und den Weißwein angießen. Das Ganze 20 Minuten garen.

3 Das Hähnchenfleisch in Würfel schneiden, zum Kraut geben und 5 Minuten mitgaren. Die Karambolen waschen. Die Kanten etwa 1 Millimeter dick abschneiden, dann die Früchte in Scheiben schneiden. Auf das Kraut legen, kurz erhitzen, aber nicht kochen lassen.

Tipp

Karambolen, die wegen ihrer Form auch Sternfrüchte genannt werden, sind nicht nur dekorativ, sondern auch sehr lecker. Durch ihren süßsäuerlichen Geschmack passen sie sowohl zu herzhaften Gerichten als auch zu Süßspeisen.

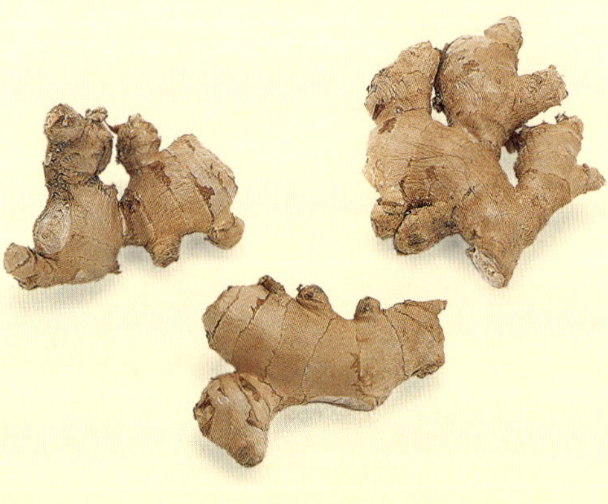

Borschtsch

500 g rote Bete
2 Möhren + 1 weiße Rübe
250 g Sauerkraut + 2 Zwiebeln
500 g Rindfleisch
1 EL Butterschmalz + 1 1/2 l Fleischbrühe
3 EL Essig + 2 Lorbeerblätter
1 TL Zucker + Salz
Frisch gemahlener schwarzer Pfeffer
1 Bund Petersilie + 1 Bund Dill
150 g saure Sahne

Für die russische Seele

1 Rote Bete, Möhren und die Rübe putzen und klein schneiden. Das Sauerkraut abtropfen lassen und grob zerkleinern, die Zwiebeln pellen und fein würfeln. Das Rindfleisch in Würfel schneiden.

2 In einem Topf das Butterschmalz erhitzen, das Fleisch hineingeben und ringsum anbraten. Möhren, Rübe und Zwiebeln zugeben und alles 10 Minuten schmoren.

3 Rote Bete und Sauerkraut zufügen und die Fleischbrühe angießen. Essig, Lorbeerblätter und Zucker einrühren und mit Salz und Pfeffer würzen. Die Suppe zugedeckt 1 Stunde köcheln lassen.

4 Kräuter waschen und hacken. Den Borschtsch auf vorgewärmte Teller verteilen, Kräuter darüberstreuen und saure Sahne dazu reichen.

Tipp

Für diese russische Spezialität gibt es verschiedene Rezepte. Typisch ist die rote Farbe, die das Kraut duch die rote Bete bekommt. Arbeiten Sie beim Putzen der roten Bete immer mit Handschuhen, denn die Knollen bluten stark aus und die Farbe ist kaum abzuwaschen. Zu dem Borschtsch passt als Beilage kräftiges Roggenbrot oder knuspriges Landbrot.

Schmackhafte Hauptgerichte

Buletten auf Zucchini-Kraut

Für das Zucchini-Kraut

300 g Zucchini + Salz + 1 Schalotte
300 g Sauerkraut + 1 EL Butter + 1 TL brauner Zucker
100 ml Weißwein + 2 Äpfel
2 EL Zitronensaft + Frisch gemahlener weißer Pfeffer

Für die Buletten

500 g Kartoffeln (mehlig kochend) + 1 Zwiebel
100 g durchwachsener Speck + 200 g Sauerkraut + 50 g Butterschmalz
1 Lorbeerblatt + 1/2 EL Kümmel + 1 EL Zucker
150 ml Weißwein + 1 Ei + 1 EL Speisestärke
Salz + Frisch gemahlener schwarzer Pfeffer
1 Prise abgeriebene Muskatnuss

Raffiniert

1 Für das Kraut die Zucchini halbieren, in feine Scheiben schneiden, in eine Schüssel geben, leicht salzen und beiseitestellen. Die Schalotte pellen und fein hacken. Das Sauerkraut abtropfen lassen und zerkleinern. Die Schalotte in Butter andünsten, das Kraut und den Zucker zugeben, den Wein angießen. 20 Minuten köcheln lassen.

2 Äpfel schälen, in Würfel schneiden, dabei das Kernhaus entfernen. Die Apfelwürfel mit Zitronensaft marinieren. Apfelwürfel und Zucchinischeiben zum Sauerkraut geben. Alles 3 Minuten köcheln, salzen und pfeffern. Das Zucchini-Kraut kann warm oder kalt serviert werden.

3 Für die Buletten die Kartoffeln in der Schale kochen, schälen und durch die Kartoffelpresse drücken. Zwiebel pellen und fein hacken, den Speck klein würfeln, das Sauerkraut abtropfen lassen und fein schneiden. In einem Topf 1 Esslöffel Butterschmalz erhitzen. Darin den Speck ausbraten, die Zwiebeln kurz mitbraten, Sauerkraut, Lorbeerblatt, Kümmel, Zucker und Weißwein zugeben und so lange kochen, bis die Flüssigkeit verdampft ist. Mit der Kartoffelmasse vermischen. Ei, Speisestärke, Salz, Pfeffer und Muskat zugeben, alles gut verkneten. Die Buletten formen und im restlichen Schmalz goldgelb ausbacken.

Überbackene Schinkenrollen mit Orangenkraut

500 g Sauerkraut + 1 Schalotte
1 EL Butterschmalz + 1/8 l Orangensaft
1 TL brauner Zucker + 2 Orangen
8 Scheiben gekochter Schinken
Fett für die Form + 200 g Emmentaler
Fein geschnittene Orangenschale + 1 Handvoll frisch gepflückter, gereinigter Borretschblüten zum Garnieren

Köstlich süßsauer

1 Das Sauerkraut abtropfen lassen und fein hacken. Die Schalotte pellen und fein hacken. In einem Topf das Butterschmalz erhitzen, die Schalotten darin andünsten, das Sauerkraut, Orangensaft und Zucker zugeben und zum Kochen bringen.

2 Die Orangen schälen und filetieren. Die Filets zum Kraut geben. Das Kraut kochen, bis die Flüssigkeit verdampft ist, dann auskühlen lassen. Das Orangenkraut auf den Schinkenscheiben verteilen. Die Schinkenscheiben aufrollen, mit Holzstäbchen zusammenhalten.

3 Eine Auflaufform einfetten und die Schinkenröllchen hineinlegen. Den Käse reiben und über die Röllchen streuen. Im vorgeheizten Backofen bei 200 °C (Gas Stufe 3, Umluft 180 °C) 10 Minuten überbacken.

4 Die Schinkenröllchen auf einer Platte anrichten, mit Orangenschale und Borretschblüten garnieren.

Tipp

Reichen Sie zu den Schinkenröllchen Toast mit Orangenbutter. Für die Orangenbutter brauchen Sie folgende Zutaten: 1 Esslöffel fein geriebene Orangenschale, 2 Esslöffel gehackte Petersilie, 1 Esslöffel scharfen Senf, Salz, frisch gemahlenen weißen Pfeffer und 100 Gramm weiche Butter. Alles gut vermischen.

Sauerkraut-Pfannkuchen

Für die Füllung

500 g Sauerkraut + 1/2 Schalotte
1 EL Butterschmalz + 1/8 l süßer Cidre
1 Lorbeerblatt + 4 EL Crème fraîche + 1 Apfel
Feinstreifig geschnittene Orangenschale von 1 Orange
80 g Zucker + Salz + 1/2 TL brauner Zucker

Für die Pfannkuchen

200 g Mehl + 400 ml Milch + 4 Eier + 1 Prise Salz
2 EL gehackte Kräuter (Schnittlauch, Kerbel, Petersilie)
Butterschmalz zum Braten

Außerdem

Geriebener Käse (z. B. Greyerzer) zum Bestreuen

Braucht etwas Zeit

1 Für die Füllung das Sauerkraut abtropfen lassen und fein zerkleinern. Die Schalotte pellen und fein hacken. Das Butterschmalz erhitzen und die Schalotten darin andünsten, Sauerkraut, Cidre und Lorbeerblatt zugeben, 25 Minuten garen. Crème fraîche einrühren.

2 Den Apfel schälen und an das Kraut reiben. Die Orangenschale 2 Minuten in kochendem Wasser blanchieren, danach abschrecken. Den Zucker mit 2 Esslöffel Wasser verrühren, zu Karamell kochen, die Orangenschale darin schwenken und zum Kraut geben. Das Kraut mit Salz und Zucker würzen. Warm stellen.

3 Für die Pfannkuchen das Mehl mit der Milch verrühren. Eier, Salz und Kräuter einrühren, den Teig 1 Stunde ruhen lassen.

4 In einer Pfanne Butterschmalz erhitzen, etwas Teig einfüllen und gleichmäßig verteilen. Sobald die Unterseite goldgelb ist, den Pfannkuchen wenden und weiter backen. Die anderen Pfannkuchen auf die gleiche Weise backen. Die Pfannkuchen mit dem Kraut füllen. Mit Reibekäse bestreuen und servieren.

Sesambällchen mit Dip

Für die Sesambällchen

600 g Kartoffeln (mehlig kochend) + 1 Möhre
50 g Knollensellerie + 20 g Ingwer
125 g Sauerkraut + 1 rote Chilischote
50 g Zucchini + 1 EL Butterschmalz + 1 TL Zucker
Salz + Frisch gemahlener schwarzer Pfeffer
1 Prise abgeriebene Muskatnuss
3 Eigelb + 1 EL Speisestärke + Etwas Mehl
2 Eier + 200 g Sesamsaat + Öl zum Frittieren

Für den Dip

125 g Schmant + 100 g Ziegenkäse + 6 EL Sahne
1 EL Zitronensaft + Je ein paar Zweige Petersilie
und Thymian + Salz + Pfeffer

Leckere, lustige Bällchen

1 Die Kartoffeln in der Schale kochen, pellen und noch heiß durch die Kartoffelpresse in eine Schüssel drücken. Möhre, Sellerie und Ingwer schälen und fein reiben. Das Sauerkraut abtropfen lassen und klein schneiden. Chili halbieren, entkernen, fein hacken. Zucchini in kleine Würfel schneiden.

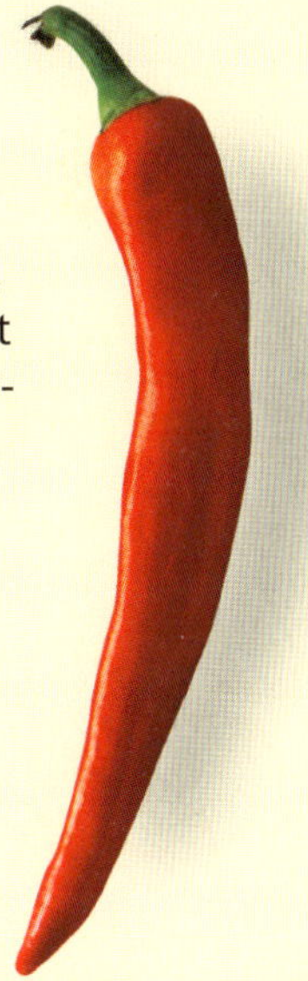

2 In einem Topf das Butterschmalz erhitzen, Möhre, Sellerie, Ingwer, Sauerkraut, Chili, Zucchini und Zucker, Salz, Pfeffer und Muskat hineingeben, 5 Minuten garen und mit der Kartoffelmasse, den Eigelben und der Speisestärke vermengen.

3 Kleine Bällchen formen und diese in Mehl wenden. Die Eier verquirlen, die Bällchen erst in Ei, dann im Sesam wälzen. Schwimmend in Öl ausbacken.

4 Für den Dip Schmant, Ziegenkäse, Sahne, Zitronensaft verrühren. Die Kräuter hacken und unterheben, mit Salz und Pfeffer würzen.

Stolzer Heinrich mit Birnenkraut

Für das Birnenkraut

1 Zwiebel + 30 g Schweineschmalz
600 g Sauerkraut + 1/8 l Weißwein
2 Birnen + Salz + Frisch gemahlener weißer Pfeffer + 1 TL Zucker

Für den stolzen Heinrich

2 EL Öl + 8 Bratwürste + 1 EL Butter
2 EL Mehl + 300 ml Fleischbrühe
1 EL Weinessig + 1 Lorbeerblatt
Salz + Frisch gemahlener weißer Pfeffer
20 g geschälter Ingwer + 1 Zitrone
6 Kapern + 1/8 l Weißwein

Kräftig und effektvoll

1 Für das Birnenkraut die Zwiebel pellen und klein hacken. Das Schweineschmalz erhitzen, die Zwiebel darin anbraten. Das Sauerkraut etwas ausdrücken und zerkleinern, zur Zwiebel geben. Den Wein angießen. Alles 20 Minuten garen.

2 Die Birnen schälen, in kleine Stücke schneiden, dabei das Kernhaus entfernen. Die Birnenstücke zum Sauerkraut geben und 10 Minuten mitgaren. Dann alles mit Salz, Pfeffer und Zucker abschmecken und warm stellen.

3 In einer Pfanne das Öl erhitzen, die Bratwürste hineingeben und ringsum 5 Minuten anbraten. In einem Topf die Butter zerlassen, das Mehl hineingeben und anrösten. Fleischbrühe, Essig, Lorbeerblatt, Salz, Pfeffer und Ingwer zugeben. Alles aufkochen lassen. Die Bratwürste hineinlegen. Die Zitrone in Scheiben schneiden und zugeben. Die Kapern untermischen und abschließend den Wein angießen. Alles 10 Minuten bei kleiner Hitze köcheln lassen. Mit dem Birnenkraut servieren. Schwarzbrot dazu reichen.

Auberginenplätzchen

400 g Sauerkraut
1 Aubergine (etwa 300 g)
500 g Quark + 4 Eier
Salz + Frisch gemahlener schwarzer Pfeffer
1 EL Curry + 1 EL Paprikapulver edelsüß
1 Prise Cayennepfeffer
4 EL gemischte, gehackte Kräuter
(Petersilie, Majoran, Schnittlauch, Kerbel)
4 EL Haferflocken
Butterschmalz zum Braten

Einfach und raffiniert

1 Das Sauerkraut abtropfen lassen und zerkleinern. Die Aubergine schälen, grob raspeln, mit dem Sauerkraut vermischen.

2 Den Quark abtropfen lassen, in eine Schüssel füllen, mit den Eiern, Salz, Pfeffer, Curry, Paprikapulver und Cayennepfeffer würzen, die Kräuter, die Sauerkrautmischung und die Haferflocken zugeben. Alles gut vermischen.

3 In einer Pfanne Butterschmalz erhitzen. Die Masse löffelweise hineingeben und die Plätzchen goldbraun ausbacken.

Tipp

**Statt Auberginen können Sie auch verschiedene andere Gemüse wie z. B. Zucchini verwenden.
Auberginen sind reif, wenn die Früchte ganz violett verfärbt sind und die Schale auf Fingerdruck nachgibt. Unreife Früchte unbedingt bei Zimmertemperatur nachreifen lassen, denn sie enthalten das giftige Solanin.**

Krautröllchen

8 große Wirsingblätter + 1 Zwiebel
150 g gekochter Schinken + 400 g Sauerkraut
50 g Butterschmalz + Salz
Frisch gemahlener weißer Pfeffer
300 ml Weißwein + Fett für die Form
4 Tomaten + 2 EL Tomatenmark + 4 EL Sahne

Braucht etwas Zeit

1 Die Wirsingblätter waschen und kurz blanchieren. Je 2 Blätter übereinander legen.

2 Für die Füllung die Zwiebel pellen und hacken. Den Schinken in kleine Würfel schneiden. Das Sauerkraut abtropfen lassen und zerkleinern. Butterschmalz erhitzen, die Zwiebel hineingeben und andünsten, Schinkenwürfel und Sauerkraut zugeben. Salz, Pfeffer und 1/8 Liter Weißwein zufügen. 10 Minuten garen.

3 Das Kraut abtropfen lassen und auf den Wirsingblättern verteilen. Die Blätter aufrollen und mit Rouladennadeln oder Bindfaden zusammenhalten. Eine feuerfeste Form einfetten, die Rouladen hineinlegen und den restlichen Weißwein angießen. Im vorgeheizten Backofen bei 200 °C (Gas Stufe 3, Umluft 180 °C) 30 Minuten garen. Die Rouladen herausnehmen, warm stellen.

4 Die Tomaten mit heißem Wasser übergießen, häuten und in kleine Würfel schneiden. Die Tomatenwürfel zu der Flüssigkeit in der Auflaufform geben und 2 Minuten garen. Tomatenmark und Sahne einrühren, die Sauce mit Salz und Pfeffer abschmecken.

5 Die Wirsingröllchen auf vier Teller verteilen und mit der Sauce übergießen.

Tipp

Dazu schmeckt Baguette oder französisches Landbrot.

Sauerkrautpuffer mit Apfelmeerrettich

Für den Apfelmeerrettich

500 g Äpfel + 6 EL Apfelsaft + 6 EL Zitronensaft
100 g Meerrettichwurzel + Salz + 1 EL Zucker

Für die Puffer

250 g Sauerkraut + 1 kg Kartoffeln (fest kochend)
2 Knoblauchzehen + 1/2 Zwiebel
4 Eigelb + 200 g Schmant + 1 EL Speisestärke
Salz + 1 Prise abgeriebene Muskatnuss
Butterschmalz zum Braten + 4 EL saure Sahne

Die etwas anderen Puffer

1 Für den Apfelmeerrettich die Äpfel schälen, in Viertel, dann in Würfel schneiden, dabei das Kernhaus entfernen. Die Würfel mit dem Apfelsaft und Zitronensaft in einen Topf geben, 5 Minuten köcheln lassen und dann pürieren. Den Meerrettich waschen, schälen und fein raspeln, mit dem Apfelmus vermischen. Mit Salz und Zucker abschmecken.

2 Für die Puffer das Sauerkraut abtropfen lassen und zerkleinern. Die Kartoffeln schälen, grob raspeln, gut auspressen und mit dem Sauerkraut vermengen. Den Knoblauch und die Zwiebel pellen und fein hacken. Eigelb, 200 Gramm Schmant, Knoblauch, Zwiebel und Speisestärke zugeben, mit Salz und Muskat würzen.

3 In einer Pfanne das Schmalz erhitzen. Aus dem Teig kleine Puffer formen und auf beiden Seiten knusprig braten. Die Puffer herausnehmen, auf vorgewärmte Teller verteilen. In die Mitte jeweils einen Klecks saure Sahne setzen. Mit dem Apfelmeerrettich servieren.

Tipp

Saure Sahne hat 10% Fett, Schmant hingegen mindestens 20%. Um Fett einzusparen, können Sie den Schmant durch saure Sahne ersetzen.

Mandel-Sauerkrautrollen

Für die Sauerkrautrollen

1 kg Sauerkraut + 100 g Rosinen + 1 EL Butter
100 g Semmelbrösel + 1 EL gemahlene Mandeln
400 g Schmant + 1 TL Zucker + Salz
Frisch gemahlener weißer Pfeffer + Fett für die Form
2 Gläser Weinblätter + 1/4 l Weißwein

Für die Sauce

50 g Butter + 125 g gemahlene Mandeln
1/8 l Weißwein + 2 EL Zitronensaft
Salz + Frisch gemahlener weißer Pfeffer

Raffinierte Kombination

1 Das Sauerkraut abtropfen lassen und klein schneiden. Die Rosinen waschen und trocknen.

2 In einer Pfanne die Butter erhitzen, Semmelbrösel und Mandeln darin anrösten, auskühlen lassen, dann mit den Rosinen und dem Schmant zum Sauerkraut geben und untermischen. Das Kraut mit Zucker, Salz und Pfeffer würzen. Eine feuerfeste Form einfetten.

3 Die Weinblätter unter klarem Wasser kurz abspülen und trocken tupfen. In die Mitte eines Blattes etwas von der Sauerkrautmischung geben, die Weinblätter seitlich einschlagen, damit die Mischung nicht herausläuft, dann eine Rolle formen und diese in die Form setzen.

4 Zum Schluss den Wein in die Form gießen. Im vorgeheizten Backofen bei 180 °C (Gas Stufe 2, Umluft 160 °C) etwa 30 Minuten garen.

5 Für die Sauce die Butter erhitzen, die Mandeln darin rösten, dann Weißwein und Zitronensaft einrühren. Mit Salz und Pfeffer würzen.

Tipp

Servieren Sie die Sauerkrautrollen mit Petersilienkartoffeln.

Seezungenröllchen mit Sauerkraut

200 g Sauerkraut
150 g Lachsfilet + 125 g Schmant
1/2 TL abgeriebene, unbehandelte Orangenschale
2 EL Zitronensaft + 8 Seezungenfilets (à 60 g)
Salz + Frisch gemahlener weißer Pfeffer
1 Schalotte + 1/8 l Fischfond (Fertigware)
100 ml trockener Weißwein + 100 g Sahne
1 Handvoll frische gemischte
und gehackte Kräuter

Einfach und sehr edel

1 Das Sauerkraut abtropfen lassen, fein schneiden und in einer Pfanne trocken rösten. Lachsfilet, Schmant, Orangenschale und 1 Esslöffel Zitronensaft pürieren und mit dem Sauerkraut vermischen.

2 Die Seezungenfilets mit der dunklen Hautseite nach oben legen. Mit Salz und Pfeffer würzen. Die Füllung auf dem Fisch verteilen, die Filets aufrollen und mit Spießchen feststecken.

3 Die Schalotte pellen und fein hacken. Mit Fischfond, Weißwein und Sahne vermischen und in einen flachen Topf geben. Die Fischröllchen aufrecht hineinsetzen und bei geringer Hitze 10 Minuten garen. Die Fischröllchen auf eine vorgewärmte Platte setzen, warm stellen.

4 Die Sauce um die Hälfte einkochen und mit dem restlichen Zitronensaft, Salz und Pfeffer abschmecken. Zum Schluss die Kräuter untermischen und die Sauce um die Röllchen gießen.

Tipp

Seezunge ist ein edler Seefisch mit außergewöhnlich zartem und wohlschmeckendem Fleisch. Achten Sie darauf, dass Sie die Filets nicht zu heiß garen, sonst zerfällt der Fisch.

Mango-Sauerkraut mit Steinbutt

Für das Sauerkraut

500 g Sauerkraut + 1 Mango + 30 g frischer Ingwer
1 rote Chilischote + 1 Schalotte
300 g Zucchini + 50 g Butterschmalz
¼ l trockener Weißwein + 1 TL brauner Zucker

Für den Steinbutt

1 unbehandelte Zitrone + 1 unbehandelte Orange
1 TL schwarze Pfefferkörner + 1 TL Koriandersaat
4 Steinbuttfilets + 2 Knoblauchzehen
2 EL Mehl + 50 g Butterschmalz
Salz + Frisch gemahlener weißer Pfeffer

Braucht etwas Zeit

1 Das Sauerkraut abtropfen lassen und grob zerkleinern. Die Mango schälen und in Spalten vom Stein schneiden. Ingwerwurzel schälen und reiben. Die Chilischote aufschlitzen, entkernen und in kleine Würfel schneiden. Die Schalotte pellen und fein hacken. Die Zucchini putzen, waschen und fein raspeln. In einem Topf das Butterschmalz erhitzen. Darin die Schalotten anschwitzen, Sauerkraut, Mango, Ingwer, Chili, Weißwein und den Zucker zugeben, zugedeckt 20 Minuten garen. Zucchini untermischen und weitere 5 Minuten köcheln lassen.

2 Die Zitronen- und Orangenschale dünn abschälen. Die Früchte auspressen und den Saft mit der Schale vermischen. Pfefferkörner und Koriander zerstoßen und untermischen. Die Steinbuttfilets hineinlegen und 2 Stunden ziehen lassen. Die Knoblauchzehen pellen und fein schneiden. Die Filets aus der Marinade nehmen, trocken tupfen und in Mehl wenden.

3 In einer Pfanne das Butterschmalz erhitzen, die Filets mit dem Knoblauch auf jeder Seite 3 Minuten braten und mit Salz und Pfeffer würzen. Mit dem Sauerkraut servieren.

Sauerkrautauflauf mit Rotbarsch

750 g Sauerkraut + 4 Tomaten
5 Rotbarschfilets (à 200 g)
Frisch gemahlener schwarzer Pfeffer
1/8 l trockener Weißwein
Fett für die Form + Salz
125 g Käse zum Reiben
2 Eier + 150 g Schmant
4 EL saure Sahne
2 EL Semmelbrösel

Schlicht und lecker

1 Das Sauerkraut abtropfen lassen und grob zerkleinern. Die Tomaten überbrühen, die Haut abziehen, den Strunk entfernen. Dann die Tomaten in Scheiben schneiden. Die Fischfilets pfeffern und mit dem Wein begießen.

2 Eine Auflaufform einfetten, die Hälfte des Sauerkrauts einfüllen, mit Tomatenscheiben bedecken und leicht salzen und pfeffern. Dann die Fischfilets auflegen und mit dem restlichen Sauerkraut bedecken.

3 Den Käse reiben und mit den Eiern, Schmant und saurer Sahne verrühren. Den Auflauf damit übergießen und Semmelbrösel aufstreuen. Im vorgeheizten Backofen bei 200 °C (Gas Stufe 3, Umluft 180 °C) etwa 40 Minuten backen.

Tipp

Petersilienkartoffeln oder Salzkartoffeln passen gut zu diesem Auflauf. Dafür eignet sich eine fest kochende Kartoffelsorte.

Zander auf Sauerkraut

Für das Sauerkraut

3 Zwiebeln + 1 Apfel + 500 g Sauerkraut
50 g Gänseschmalz + 8 Wacholderbeeren
8 Pfefferkörner + 2 Lorbeerblätter
1/4 l Weißwein + 2 EL Schmant

Für den Zander

100 g Semmelbrösel + 1 Eigelb
Saft von 1 Limette
2 EL frischer geriebener Meerrettich
2 EL gehackte Petersilie + 50 g weiche Butter
Salz + Frisch gemahlener weißer Pfeffer
4 Zanderfilets (à 180 g)
Saft von 1/2 Zitrone + 30 g Butterschmalz

Fein und edel

1 Die Zwiebeln pellen und fein hacken. Apfel schälen und grob raspeln. Das Sauerkraut abtropfen lassen und grob zerkleinern. In einem Topf das Schmalz erhitzen, darin die Zwiebeln andünsten, den Apfel unterrühren, das Sauerkraut zugeben und mit Wacholderbeeren, Pfefferkörnern und Lorbeerblättern würzen. 1/8 Liter Wasser zugießen und zugedeckt 20 Minuten garen. Den Wein zugießen und einige Minuten köcheln lassen. Lorbeerblätter entfernen und den Schmant einrühren.

2 Semmelbrösel, Eigelb, Limettensaft, Meerrettich, Petersilie, Butter, Salz und Pfeffer vermischen. Von den Zanderfilets die Gräten entfernen, die Filets mit Zitronensaft einreiben, salzen und pfeffern. In einer Pfanne das Butterschmalz erhitzen, die Filets auf die Hautseite legen, kurz anbraten, umdrehen, ebenfalls kurz anbraten.

3 Die Filets mit der Hautseite nach oben in eine feuerfeste Form legen und mit der Semmelbröselmischung bedecken. Im vorgeheizten Backofen bei 220 °C (Gas Stufe 4, Umluft 200 °C) 8 bis 10 Minuten überbacken. Das Sauerkraut auf vorgewärmten Tellern anrichten, obenauf die Zanderfilets setzen.

Sauerkrautauflauf mit Hecht

200 g Schinkenspeck + 4 Hechtfilets
2 EL Zitronensaft
Salz + Frisch gemahlener weißer Pfeffer
2 EL Mehl + 160 g Butter + 1 kg Sauerkraut
1 Zwiebel + 2 Äpfel + 1 kleine Kartoffel
6 Salbeiblättchen + 100 ml Weißwein + 1/8 l Brühe
6 EL Sahne + Fett für die Form
100 g saure Sahne + 2 Eier
1 Bund Petersilie + 4 EL Semmelbrösel
Frisch gepflückte Kapuziner-kresseblüten für die Dekoration

Braucht etwas Zeit

1 Den Schinkenspeck in feine Streifen schneiden. Die Hechtfilets mit Zitronensaft beträufeln, mit Salz und Pfeffer würzen, in Mehl wenden und mit den Speckstreifen spicken. Die Hälfte der Butter erhitzen, die Fischfilets hineingeben und auf beiden Seiten goldgelb braten. Vom Herd nehmen.

2 Das Sauerkraut grob zerkleinern und in einen Topf geben. Die Zwiebel pellen und klein schneiden. Die Äpfel schälen, in Achtel schneiden, dabei das Kernhaus entfernen. Die Kartoffel schälen und fein reiben. Zwiebel, Äpfel, Kartoffel und Salbeiblättchen zum Kraut geben, Weißwein und Brühe angießen. Alles gut durchrühren und zugedeckt 10 Minuten garen. Die Sahne einrühren.

3 Eine Auflaufform einfetten. Die Hälfte des Sauerkrauts einfüllen. Die Hechtfilets darauflegen und mit dem restlichen Sauerkraut bedecken. Saure Sahne und Eier verrühren, auf dem Sauerkraut verteilen.

4 Die Petersilie waschen und hacken, zusammen mit den Semmelbröseln über das Sauerkraut streuen. Mit Salz und Pfeffer würzen. Die restliche Butter in Flöckchen auf dem Auflauf verteilen. Im vorgeheizten Backofen bei 200 °C (Gas Stufe 3, Umluft 180 °C) etwa 35 Minuten backen. Mit Kapuzinerkresseblüten dekorieren.

Hering-Kartoffel-Auflauf

4 Heringe + 750 g Kartoffeln (fest kochend)
750 g Sauerkraut + 2 Zwiebeln
150 g durchwachsener Speck
Fett für die Form + 1/2 TL Kümmel
4 Eier + 100 g Sahne + 1/8 l Milch
1 TL Mehl + 1 EL gehackte Kräuter
(Schnittlauch, Petersilie) + Salz
Frisch gemahlener weißer Pfeffer
2 EL Semmelbrösel

Hering mal anders

1 Die Heringe über Nacht wässern. Die Kartoffeln in der Schale kochen, pellen und in Scheiben schneiden. Das Sauerkraut abtropfen lassen und grob zerkleinern. Von den Heringen die Hauptgräte entfernen, den Fisch in mundgerechte Stücke schneiden. Die Zwiebeln pellen und fein hacken. Den Speck in feine Scheiben schneiden.

2 Eine Auflaufform einfetten, die Hälfte der Kartoffelscheiben einfüllen, darüber die Hälfte des Sauerkrauts verteilen und die Heringstücke darauf anordnen. Die Zwiebelwürfel aufstreuen, das restliche Sauerkraut daraufgeben, Kümmel aufstreuen, die Speckscheiben auflegen, mit den restlichen Kartoffelscheiben abschließen.

3 Eier, Sahne, Milch, Mehl und Kräuter verrühren, mit Salz und Pfeffer würzen, den Auflauf damit übergießen. Mit Semmelbröseln bestreuen. Im vorgeheizten Backofen bei 200 °C (Gas Stufe 3, Umluft 180 °C) etwa 40 Minuten garen. Sofort servieren.

Kartoffel-Kraut-Auflauf

1 kg Kartoffeln (fest kochend) + 2 Zwiebeln
250 g durchwachsener Speck
1 EL Butterschmalz + Salz
Frisch gemahlener schwarzer Pfeffer
1 EL Butter + 1 kg Sauerkraut
Je 1 TL Kümmel und Majoran + 1 Lorbeerblatt
250 g gekochter Schinken + 4 Äpfel
250 g Schmant + 1 Eigelb
100 g Käse zum Reiben

Schlicht und ergreifend

1 Die Kartoffeln in der Schale kochen, abgießen, schälen und in Würfel schneiden. Die Zwiebeln pellen und fein schneiden. Den Speck in Würfel schneiden. In einer Pfanne das Butterschmalz erhitzen, Speck und Zwiebeln zugeben und knusprig braten. Die Kartoffeln zufügen, salzen, pfeffern und weitere Minuten braten.

2 Eine Auflaufform einfetten und die Hälfte der Kartoffelmischung einfüllen. Das Sauerkraut abtropfen lassen, zerkleinern und die Hälfte auf der Kartoffelmischung anordnen. Mit Kümmel und Majoran bestreuen, das Lorbeerblatt darauflegen. Den Schinken in Streifen schneiden und auf dem Kraut verteilen. Die restliche Kartoffelmischung und das restliche Sauerkraut darüberschichten.

3 Die Äpfel schälen, in Viertel, dann in schmale Spalten schneiden, dabei das Kernhaus entfernen. Die Apfelspalten auf dem Auflauf verteilen. Schmant und Eigelb verrühren, den Auflauf damit überziehen. Den Käse reiben und darüberstreuen. Im vorgeheizten Backofen bei 200 °C (Gas Stufe 3, Umluft 180 °C) etwa 25 Minuten garen. Sofort servieren.

Sauerkrautauflauf mit Kasseler

500 g Kartoffeln (fest kochend)
1 Zwiebel + 125 g durchwachsener Speck
400 g gekochtes Kasseler ohne Knochen
1 EL Öl + 125 g Käse zum Reiben
500 g Sauerkraut + Fett für die Form
1 Bund Schnittlauch + 4 Eier + 100 g Sahne
Salz + Frisch gemahlener weißer Pfeffer
2 EL geriebener Parmesan

Einfach und klassisch

1 Die Kartoffeln in der Schale kochen, schälen und in Scheiben schneiden. Die Zwiebel pellen und fein schneiden. Den Speck in kleine Würfel, das Kasseler in mundgerechte Stücke schneiden.

2 In einer Pfanne das Öl erhitzen, die Speckwürfel hineingeben, kurz rösten, dann die Zwiebel zugeben und mitschwitzen. Die Kasselerstücke ebenfalls zufügen und 2 Minuten mitbraten. Vom Herd nehmen, auskühlen lassen, den Käse reiben und untermischen.

3 Das Sauerkraut abtropfen lassen und grob zerkleinern. Eine Auflaufform einfetten, schichtweise Kartoffelscheiben, Sauerkraut und die Kasselermischung einfüllen.

4 Den Schnittlauch waschen und in kleine Röllchen schneiden. Die Eier mit Sahne, Salz, Pfeffer und Schnittlauch vermischen und auf dem Auflauf gleichmäßig verteilen. Den Parmesan aufstreuen. Im vorgeheizten Backofen bei 200 °C (Gas Stufe 3, Umluft 180 °C) etwa 40 Minuten backen.

Tipp

Verwenden Sie grundsätzlich frisches Sauerkraut. Sauerkraut aus der Dose ist sterilisiert und enthält keine lebenden Milchsäurebakterien mehr. Wenn Sie frisches Sauerkraut in Tüten abgepackt kaufen, können Sie es eine Zeit lang im Kühlschrank aufbewahren.

Gebackene Soljanka

1 kg Sauerkraut + 80 g Butterschmalz
1 Lorbeerblatt + 1/8 l Fleischbrühe + 2 Zwiebeln
2 EL Öl + 2 EL Tomatenmark
1 EL Weinessig + 1 EL Zucker + 1 EL Mehl + Salz
Frisch gemahlener schwarzer Pfeffer
500 g Wurst (Salami, Schinken, Knackwurst, Wiener Würstchen) + 2 Gewürzgurken
1 EL Kapern + 2 EL Preiselbeeren (Konserve)
3 EL Semmelbrösel + 30 g Butter

Kräftig und lecker

1 Das Sauerkraut zerkleinern. Das Butterschmalz in einem Topf zerlassen. Das Sauerkraut und das Lorbeerblatt zufügen, die Fleischbrühe angießen, alles erhitzen und 30 Minuten garen. Öfter umrühren.

2 Die Zwiebeln pellen und fein hacken. In einer Pfanne 1 Esslöffel Öl erhitzen, die Hälfte der Zwiebeln zugeben und goldgelb braten. Tomatenmark, Weinessig und Zucker unterrühren. Die Mischung zum Sauerkraut geben, alles weitere 10 Minuten garen.

3 Das Mehl in etwas kaltem Wasser glatt rühren, das Sauerkraut damit binden. Mit Salz und Pfeffer abschmecken. Die Wurst in kleine Würfel schneiden. Die Gurken fein schneiden. Das restliche Öl erhitzen, die restliche Zwiebel und die Wurst zufügen. 3 Esslöffel heißes Wasser, die Gurkenstücke und die Kapern zugeben, alles 5 Minuten dünsten.

4 Die Hälfte des Sauerkrauts in eine Kasserolle schichten. Darauf die Wurstmischung anordnen und mit dem restlichen Sauerkraut bedecken. Preiselbeeren darauf anordnen. Die Semmelbrösel aufstreuen. Die Butter in Flöckchen aufsetzen. Im vorgeheizten Backofen bei 180 °C (Gas Stufe 2, Umluft 160 °C) 10 Minuten überbacken.

Tipp

Sie können statt Wurst auch Bratenreste verwenden.

Hackfleisch-Sauerkraut-Auflauf

750 g Sauerkraut
600 g gemischtes Hackfleisch
2 Zwiebeln + 250 g durchwachsener Speck
1 Apfel + 1 EL Öl + 4 EL Sahne
1 TL Kümmel + 2 EL Schmant
4 EL Semmelbrösel + 2 Eier
1 EL Quark + Salz
Frisch gemahlener schwarzer Pfeffer
Fett für die Form + 3 EL saure Sahne

Macht satt

1 Das Sauerkraut abtropfen lassen und grob zerkleinern. Das Hackfleisch in eine Schüssel füllen. Die Zwiebeln pellen und fein schneiden. 100 Gramm Speck würfeln, den restlichen Speck in dünne Scheiben schneiden und beiseitestellen. Den Apfel schälen, in Viertel, dann in kleine Würfel schneiden, dabei das Kernhaus entfernen.

2 In einem Topf das Öl erhitzen, die Speckwürfel hineingeben und anrösten. Die Hälfte der gehackten Zwiebeln zugeben und kurz mitschwitzen, dann das Sauerkraut, die Sahne, Apfelwürfel und den Kümmel zufügen und alles 5 Minuten garen. Den Topf vom Herd nehmen und den Schmant unterrühren.

3 Das Hackfleisch mit 3 Esslöffel Semmelbröseln, Eiern, der restlichen gehackten Zwiebeln und dem Quark vermischen und mit Salz und Pfeffer würzen. Eine Auflaufform einfetten, zwei Drittel des Sauerkrauts einfüllen, die Fleischmasse darauf verteilen und mit dem restlichen Sauerkraut bedecken. Die Speckscheiben auf dem Auflauf anordnen. Alles mit saurer Sahne bestreichen und mit den restlichen Semmelbröseln bestreuen. Den Auflauf im vorgeheizten Backofen bei 200 °C (Gas Stufe 3, Umluft 180 °C) etwa 40 Minuten backen.

Salami-Sauerkraut-Auflauf

500 g Kartoffeln (fest kochend)
125 g durchwachsener Speck
2 Zwiebeln + 500 g Sauerkraut
30 g Schweineschmalz + Fett für die Form
250 g Salami + 150 ml Weißwein
100 g Sahne + 150 g saure Sahne
1 EL Schmant + 100 g Käse zum Reiben

Ganz einfach

1 Die Kartoffeln schälen und in dünne Scheiben schneiden. Den Speck in kleine Würfel schneiden. Die Zwiebeln pellen und fein hacken. Das Sauerkraut abtropfen lassen und zerkleinern.

2 In einer Pfanne die Hälfte des Schweineschmalzes erhitzen, den Speck darin ausbraten, die Zwiebeln zugeben, kurz mitbräunen, das Sauerkraut zugeben und 5 Minuten garen. Vom Herd nehmen.

3 Eine Auflaufform einfetten, die Hälfte der Kartoffelscheiben einschichten, das Sauerkraut darauf verteilen. Die Salami in Scheiben schneiden, auf dem Sauerkraut anordnen, die restlichen Kartoffelscheiben darauflegen. Zum Schluss den Weißwein angießen.

4 Den Auflauf zugedeckt im vorgeheizten Backofen bei 200 °C (Gas Stufe 3, Umluft 180 °C) garen. Nach 35 bis 40 Minuten den Topf herausnehmen. Sahne, saure Sahne und Schmant verrühren, über den Auflauf gießen. Den Käse reiben und darüberstreuen. Ohne Deckel weitere 10 Minuten bei 200 °C (Gas Stufe 3, Umluft 180 °C) überbacken.

Tipp

Kartoffeln haben je nach Sorte unterschiedliche Garzeiten, und bei einem Auflauf ist es oft schwierig zu prüfen, ob die Kartoffeln weich sind. Wenn Sie sichergehen wollen, dass die angegebene Zeit ausreicht, können Sie die Kartoffelscheiben in kochendem Wasser ein paar Minuten blanchieren, bevor Sie sie in die Auflaufform füllen.

Blutwurstpfanne

400 g Kartoffeln (fest kochend) + 500 g Sauerkraut
2 Schalotten + 2 Knoblauchzehen
100 g durchwachsener Speck
1 EL Schweineschmalz
5 Wacholderbeeren + 1 Nelke
1/4 l Weißwein + 2 rote Zwiebeln
Einige Zweige Majoran + 1 EL Butterschmalz
Salz + Frisch gemahlener schwarzer Pfeffer
500 g frische Blutwurst
1 Handvoll frisch gepflückte,
gereinigte Majoranblättchen zum Garnieren

Deftig und pikant

1 Die Kartoffeln in der Schale kochen, schälen und in Scheiben schneiden. Das Sauerkraut abtropfen lassen und zerkleinern. Die Schalotten und die Knoblauchzehen pellen und fein hacken. In einem Topf das Schmalz erhitzen, den klein gewürfelten Speck darin ausbraten, Schalotten und Knoblauch zugeben und andünsten. Das Kraut, Wacholderbeeren, Nelke und den Weißwein zugeben und alles 25 Minuten garen.

2 Die Zwiebeln pellen und fein hacken. Den Majoran waschen, die Blättchen von den Stielen zupfen und hacken. In einer Pfanne das Butterschmalz erhitzen, die Zwiebeln hineingeben und andünsten, die Kartoffelscheiben zugeben, mit Salz, Pfeffer und Majoran würzen und goldbraun braten. Die Wurst aus der Pelle nehmen, in Würfel schneiden, zu den Kartoffeln geben, vermischen und durchbraten.

3 Sauerkraut und Blutwurstkartoffeln auf einer vorgewärmten Platte anrichten und mit Majoranblättchen garnieren.

Tipp

Kaufen Sie die Blutwurst beim Metzger Ihres Vertrauens. Durch das Braten wird der Geschmack der Wurst intensiver, und Sie sollten sichergehen, dass die Gewürze Ihnen zusagen.

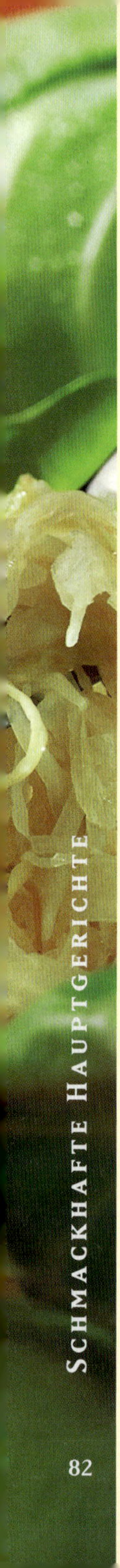

Überbackenes Sauerkraut

4 Brötchen vom Vortag + 500 g Sauerkraut
2 Zwiebeln + 2 Knoblauchzehen
150 g durchwachsener Speck
30 g Butterschmalz
5 EL trockener Weißwein
1 TL Kümmel + 200 g Sahne
150 ml Milch + 2 EL Schmant + 4 Eier
Salz + Frisch gemahlener weißer Pfeffer
1 Prise abgeriebene Muskatnuss
250 g gekochter Schinken
Fett für die Form
1–2 Handvoll knackig frischer Weißklee
oder frisch gepflückte Rosmarin-, Majoran-
oder Dillblüten zum Bestreuen

Braucht etwas Zeit

1 Die Brötchen in ½ Zentimeter dicke Scheiben und diese in Würfel schneiden. Das Sauerkraut abtropfen lassen und grob zerkleinern. Die Zwiebeln und die Knoblauchzehen pellen und fein schneiden. Den Speck in kleine Würfel schneiden.

2 In einem Topf das Butterschmalz erhitzen, den Speck zugeben und ausbraten. Die Zwiebeln und den Knoblauch hinzufügen und kurz mitdünsten. Das Sauerkraut, den Weißwein und den Kümmel zugeben, alles 10 Minuten köcheln lassen. Den Topf vom Herd nehmen und die Masse mit den Brötchen vermischen.

3 Sahne, Milch, Schmant und Eier verrühren und mit Salz, Pfeffer und Muskat würzen. Den Schinken in feine Streifen schneiden. Eine feuerfeste Form einfetten. Die Sauerkrautmasse hineingeben, mit den Schinkenstreifen belegen und die Sahnemischung darübergießen.

4 Den Auflauf im vorgeheizten Backofen bei 180 °C (Gas Stufe 2, Umluft 160 °C) etwa 40 Minuten überbacken. Vor dem Servieren mit Weißklee oder mit Blüten dekorieren.

Back-Sauerkraut mit Apfeldecke

3 Zwiebeln + 2 Knoblauchzehen
150 g durchwachsener Speck
1 kg Kartoffeln (fest kochend) + 750 g Sauerkraut
30 g Butterschmalz + Salz
Frisch gemahlener schwarzer Pfeffer
Fett für die Form
Einige Blättchen frischer Majoran
1 TL Kümmel + 2 Lorbeerblätter
2 Bockwürste + 2 Knackwürste
4 Äpfel + 1 EL brauner Zucker
4 EL Schmant + 100 g Sahne
1 Handvoll Borretschblüten zum Garnieren

Einfach und würzig

1 Die Zwiebeln und die Knoblauchzehen pellen und fein hacken. Den Speck in kleine Würfel schneiden. Die Kartoffeln schälen und ebenfalls in kleine Würfel schneiden. Das Sauerkraut abtropfen lassen und grob zerkleinern. In einem Topf das Butterschmalz erhitzen, den Speck hineingeben, ausbraten, die Zwiebeln und den Knoblauch zufügen, kurz dünsten, dann die Kartoffelwürfel hineingeben, mit Salz und Pfeffer würzen, alles 15 Minuten garen.

2 Die Hälfte der Kartoffelmasse in eine eingefettete Auflaufform füllen und mit der Hälfte des Sauerkrauts bedecken. Majoran, Kümmel und Lorbeerblätter daraufgeben. Die Würste in Scheiben schneiden und ebenfalls auf das Kraut legen. Das restliche Kraut darübergeben und darauf die restlichen Kartoffeln verteilen.

3 Das Kerngehäuse der Äpfel ausstechen, die Äpfel schälen, halbieren und mit der gewölbten Seite nach oben auflegen. Das Ganze mit Zucker bestreuen. Schmant und Sahne verrühren und den Auflauf damit überziehen. Im vorgeheizten Backofen bei 220 °C (Gas Stufe 4, Umluft 200 °C) 30 Minuten zugedeckt garen, dann den Deckel entfernen und weitere 10 Minuten garen. Den Auflauf herausnehmen, mit Borretschblüten garnieren und servieren.

Gänsebraten mit Sauerkraut-Füllung

1 küchenfertige Gans (etwa 5 kg)
1 kg Sauerkraut + 2 Zwiebeln + 2 Porreestangen
30 g Ingwerwurzel + 250 g Kartoffeln
2 TL frisch gemahlener Koriander
Frisch gemahlener weißer Pfeffer + 200 g Apfelgelee
2 EL Apfelsaft + 1 EL Mehl + 4 EL Schlagsahne

Braucht etwas Zeit

1 Aus der Gans die Innereien und die Gänseflomen entfernen. 150 Gramm Gänseflomen zerkleinern und in einer Pfanne auslassen.

2 Das Sauerkraut ausdrücken und zerkleinern. Zwiebeln pellen und fein hacken. Porreestangen putzen und in Ringe schneiden. Das ausgelassene Gänsefett in einem Topf erhitzen, Zwiebeln und Porree darin andünsten. Das Sauerkraut zugeben, 10 Minuten dünsten.

3 Den Ingwer und die Kartoffeln schälen und reiben. Ingwer, Kartoffeln und Koriander zum Sauerkraut geben. Mit Salz und Pfeffer würzen. Apfelgelee und Apfelsaft verrühren, unter das Kraut mengen.

4 Die Gans innen mit Salz und Pfeffer, außen mit Salz einreiben und mit der Sauerkrautmischung füllen. Die Öffnung zunähen. Die Gans mit der Brust nach oben auf die Saftpfanne geben, ½ Liter Wasser angießen, im vorgeheizten Backofen bei 200 °C (Gas Stufe 3, Umluft 180 °C) 2 ½ Stunden braten. Während der Bratzeit mit einer Gabel mehrfach in die Schenkel stechen, damit das Fett besser ausbraten kann.

5 Die Gans herausnehmen, mit der Brust nach unten auf einen Bratrost legen, ein Backblech darunterschieben. Die Gans weitere 20 Minuten braten. Inzwischen das Fett aus der Saftpfanne abgießen. ½ Liter heißes Wasser in die Saftpfanne gießen, den Bratensaft loskochen, durch ein Sieb geben. Mehl und Sahne verrühren, die Sauce damit binden. Dazu passen Kartoffelklöße.

Weinsauerkraut mit Zander

500 g Sauerkraut + 1 Zwiebel
2 EL Schweineschmalz + 1 Lorbeerblatt
1 TL Zucker + 1/8 l Weißwein
1/8 l Fleischbrühe
4 Zanderfilets (à 200 g) + Etwas Mehl
2 EL Butterschmalz + 1 EL Butter
200 g Sahne + 3 EL Semmelbrösel

Köstlicher Fisch

1 Das Sauerkraut abtropfen lassen und zerkleinern. Die Zwiebel pellen und fein hacken. In einem Topf das Schmalz erhitzen, die Zwiebel hineingeben und andünsten, Sauerkraut, Lorbeerblatt, Zucker, Weißwein und Brühe zugießen, zugedeckt 10 Minuten garen.

2 Die Filets in Mehl wenden. In einer Pfanne das Butterschmalz erhitzen, die Fischstücke hineingeben und auf beiden Seiten hellgelb anbraten.

3 Eine feuerfeste Form mit Butter ausstreichen, die Hälfte des Sauerkrauts einfüllen, die Fischstücke auflegen. Die Sahne leicht salzen. Die Fischstücke mit der Hälfte der Sahne begießen, mit dem restlichen Sauerkraut bedecken und die restliche Sahne über das Kraut gießen. Den Auflauf mit Semmelbröseln bestreuen. Im vorgeheizten Backofen bei 200 °C (Gas Stufe 3, Umluft 180 °C) 15 Minuten überbacken.

Tipp

Lorbeerblätter sind bitter und herb. Deshalb sollten sie sparsam verwendet werden.

Sektsauerkraut mit Kabeljau

1 Zwiebel + 100 g durchwachsener Speck
1 EL Butterschmalz + 500 g Sauerkraut
200 ml Sekt + Salz
Frisch gemahlener schwarzer Pfeffer
4 Kabeljaufilets (à 200 g)
Saft von 1/2 Zitrone
2 Eier + 2 EL Mehl + 100 g Semmelbrösel
Butterschmalz zum Ausbacken

Für die Sauce

100 g Butter + 3 Eigelb + 1 EL Senf
2–3 EL Estragonessig
Einige frische Estragonblättchen

Braucht etwas Zeit

1 Die Zwiebel pellen und fein schneiden. Den Speck in feine Streifen schneiden. In einem Topf das Butterschmalz erhitzen, Zwiebeln und Speck darin glasig dünsten. Das Sauerkraut abtropfen lassen, grob zerkleinern und in den Topf geben. Den Sekt angießen. Alles 10 Minuten garen. Salzen, pfeffern, vom Herd nehmen und warm stellen.

2 Die Kalbeljaufilets salzen und mit Zitronensaft beträufeln. Zuerst in den Eiern, dann in Mehl und zuletzt in den Semmelbröseln wenden. In einer Pfanne Butterschmalz erhitzen, den Fisch darin goldgelb braten.

3 Für die Sauce die Butter aufkochen und vom Herd nehmen. Im Wasserbad die Eigelbe mit Senf und Essig verrühren und erwärmen, die Butter allmählich einfließen lassen. Nicht zu heiß werden lassen. Zum Schluss die Estragonblättchen in die Sauce rühren. Auf vorgewärmten Tellern das Sauerkraut und die Kabeljaufilets mit der Sauce anrichten.

Tipp

Zu dem Sauerkraut mit Kabeljau in Estragonsauce schmecken Salz- oder Petersilienkartoffeln ganz vorzüglich.

Gefüllter Schweinebauch

1 kg Schweinebauch mit Schwarte (vom Metzger eine Tasche in das Fleisch schneiden lassen)
500 g Sauerkraut + 1 Birne
2 EL Schweineschmalz + 1 EL Zucker
6 Wacholderbeeren + 1 Lorbeerblatt + 1 TL Kümmel
200 ml Weißwein + 2 Zwiebeln
Salz + Frisch gemahlener schwarzer Pfeffer
2 EL Schmant

Aufwendig, aber köstlich

1 Das Fleisch waschen und trocken tupfen. Das Sauerkraut abtropfen lassen und zerkleinern. Die Birne schälen, in Stücke schneiden, dabei das Kernhaus entfernen. In einen Topf 1 Esslöffel Schmalz geben, die Birnenstücke zugeben und anbraten, mit Zucker bestreuen und karamellisieren. Sauerkraut, Wacholderbeeren, Lorbeerblatt, Kümmel und Weißwein zufügen, zugedeckt 15 Minuten dünsten. Den Topf vom Herd nehmen, das Kraut auskühlen lassen.

2 Die Zwiebeln pellen und fein hacken. Das Fleisch mit Salz und Pfeffer einreiben. Das Kraut in die Tasche füllen, die Öffnung mit Küchengarn zunähen. In einem Topf das restliche Schmalz erhitzen, das Fleisch hineingeben, ringsum anbraten. Die Zwiebeln zufügen und kurz anbraten, 1/4 Liter Wasser angießen und alles zugedeckt 2 Stunden garen.

3 Das Fleisch aus dem Topf nehmen und auf ein Backblech legen. Im vorgeheizten Backofen bei 220 °C (Gas Stufe 3, Umluft 200 °C) noch 15 Minuten knusprig braten.

4 Währenddessen die Sauce im Topf mit Schmant verfeinern und mit Salz und Pfeffer abschmecken. Das Fleisch in Scheiben schneiden und mit Sauce servieren.

Tipp

Zu diesem deftigen Fleischgericht passen Kartoffelklöße sehr gut.

Sauerkrautauflauf mit Korinthen

500 g Kartoffeln (fest kochend)
200 g Knackwurst
100 g Schweizer Emmentaler + 2 Äpfel
500 g Sauerkraut + 2 EL Korinthen
Fett für die Form + 1/2 Schalotte
4 Eier + 100 g Sahne + 1/8 l Milch
Salz + Frisch gemahlener weißer Pfeffer
1 Prise abgeriebene Muskatnuss
40 g Trüffelbutter (Fertigware)

Raffiniert

1 Die Kartoffeln in der Schale kochen, schälen und in Scheiben schneiden. Von der Knackwurst die Pelle entfernen, die Wurst in Stücke schneiden. Den Käse würfeln. Das Kerngehäuse der Äpfel ausstechen, die Äpfel schälen und in feine Scheiben schneiden. Das Sauerkraut abtropfen lassen und zerkleinern. Die Korinthen waschen und trocken tupfen.

2 Eine feuerfeste Form einfetten, abwechselnd Kartoffelscheiben, Sauerkraut, Apfelscheiben, Wurststücke, Käsewürfel und Korinthen einschichten. Mit einer Schicht Sauerkraut abschließen.

3 Die Schalotte pellen und hacken, mit Eiern, Sahne und Milch verrühren und mit Salz, Pfeffer und Muskat würzen. Die Masse über dem Sauerkraut verteilen. Im vorgeheizten Backofen bei 200 °C (Gas Stufe 3, Umluft 180 °C) etwa 40 Minuten garen. Herausnehmen und die Trüffelbutter in Flöckchen auf dem heißen Auflauf verteilen.

Kasseler mit Sauerkraut

Für das Fleisch
2 Zwiebeln
1 kg Kasseler Kamm ohne Knochen
2 Pimentkörner
Je 1/2 TL Kümmel, Majoran und Zucker

Für das Sauerkraut
500 g Sauerkraut + 1 Lorbeerblatt
1 Prise Nelkenpulver + 5 Pfefferkörner
300 ml Gemüsebrühe + 1 TL Zucker
Salz + Pfeffer + 4 EL Sahne

Ein Klassiker

1 Für das Fleisch die Zwiebeln pellen und grob zerkleinern. Das Kasseler mit Zwiebeln, Pimentkörnern, Kümmel, Majoran und Zucker in einen Topf geben. So viel Wasser dazugießen, bis das Fleisch bedeckt ist. Das Ganze zum Kochen bringen und 1 Stunde köcheln lassen.

2 Das gegarte Fleisch herausnehmen und in Scheiben schneiden. Einen Teil der Brühe durch ein feines Sieb gießen und auf den Fleischscheiben verteilen.

3 Während das Fleisch noch kocht, bereiten Sie das Sauerkraut zu. Dazu das Sauerkraut abtropfen lassen und grob zerkleinern. In einen Topf geben, Lorbeerblatt, Nelkenpulver, Pfefferkörner und die Gemüsebrühe zugeben. Das Kraut 20 Minuten garen. Mit Zucker, Salz und Pfeffer würzen und zum Schluss die Sahne einrühren.

Tipp

Servieren Sie als Beilage Salzkartoffeln oder Erbsenpüree (Rezept → Seite 97). Das Fleisch lassen Sie am besten gleich vom Metzger auslösen. Kasseler ist übrigens keine Spezialität aus Kassel, wie man denken könnte, sondern wurde vor etwa 100 Jahren von dem Berliner Metzgermeister Cassel erfunden.

Schweinerippchen mit Sauerkraut

Für die Rippchen

1 kg gepökelte Rippchen (Kotelettstück vom Schwein)
1 Zwiebel + 1 TL Zucker + 4 Nelken + 1 Lorbeerblatt

Für das Sauerkraut

750 g Sauerkraut + 1 Zwiebel + 1 Apfel
2 EL Schweineschmalz + 1/4 l Apfelwein
10 Wacholderbeeren + 5 Pfefferkörner
1 Lorbeerblatt + 1 TL Zucker + 1/2 TL Kümmel
Salz + 20 weiße Weintrauben + 100 ml Sekt

Kräftig und deftig

1 Die Rippchen in einen Topf geben. Die Zwiebel pellen, grob zerkleinern und mit dem Zucker, den Nelken und dem Lorbeerblatt zu den Rippchen geben. So viel kochendes Wasser zugießen, bis die Rippchen bedeckt sind. Alles kurz aufkochen und anschließend 15 Minuten köcheln lassen. Den Topf vom Herd nehmen und die Rippchen 1 Stunde im Sud ziehen lassen.

2 Inzwischen das Sauerkraut abtropfen lassen und grob zerkleinern. Die Zwiebel pellen und klein schneiden. Den Apfel schälen, in Viertel, dann in Spalten schneiden, dabei das Kernhaus entfernen. Das Schmalz erhitzen, Zwiebel und Apfel darin dünsten. Sauerkraut, Apfelwein, 1/4 Liter Wasser, Wacholderbeeren, Pfefferkörner, Lorbeerblatt, Zucker, Kümmel und Salz zugeben. 25 Minuten köcheln lassen.

3 Die Weintrauben entkernen und mit dem Sekt zum Kraut geben. Rippchen in Scheiben schneiden und mit dem Sauerkraut servieren.

Tipp

Sauerkraut mit Rippchen ist ein Klassiker. Üblicherweise wird es mit Kartoffelpüree serviert – was auch am besten dazu passt.

Pikante Kaninchenkeulen

Für das Krautbett

2 Schalotten + 1 EL Butterschmalz
500 g Sauerkraut + 300 ml Fleischbrühe
2 kleine Kartoffeln + Je 1/2 TL gemahlener Kümmel und gemahlener Koriander + 1 Prise Cayennepfeffer + 2 EL Honig

Für die Kaninchenkeulen

4 Kaninchenkeulen + Salz
Frisch gemahlener schwarzer Pfeffer + 300 g Pflaumen
4 Knoblauchzehen + 30 g frischer Ingwer
1 EL Butterschmalz + Knapp 1/2 l Fleischbrühe
8 EL Pflaumenschnaps + 1 Lorbeerblatt

Außerdem

4 EL Preiselbeermarmelade + 1 EL eiskalte Butter

Für Feinschmecker

1 Für das Krautbett die Schalotten pellen und in feine Scheiben schneiden. In einem Topf das Butterschmalz erhitzen, die Schalotten darin glasig dünsten. Das Sauerkraut abtropfen lassen, grob zerkleinern und in den Topf geben. Die Brühe angießen und alles etwa 20 Minuten garen. Die Kartoffeln schälen, fein raspeln, zum Kraut geben und weitere 5 Minuten garen. Die Gewürze und den Honig einrühren.

2 Kaninchenkeulen waschen, trocknen und mit Salz und Pfeffer einreiben. Pflaumen waschen, halbieren und entsteinen. Die Knoblauchzehen schälen und fein hacken. Ingwerwurzel schälen und fein schneiden. In einem Bräter das Butterschmalz erhitzen und die Keulen ringsum anbraten. Pflaumen zugeben und kurz mitschmoren. Fleischbrühe, Pflaumenschnaps, Lorbeerblatt, Knoblauch und Ingwer zugeben. Bei 180 °C (Gas Stufe 2, Umluft 160 °C) 45 Minuten garen.

3 Sauerkraut auf eine Platte geben und die Keulen darauf anrichten. Sauce salzen, pfeffern und die Marmelade einrühren. Zuletzt die Butter unterrühren. Die Sauce über die Keulen und um das Krautbett träufeln.

Sauerkraut-Rouladen

4 Scheiben Schweinebauch ohne Knochen (à 200 g)
Salz + Frisch gemahlener schwarzer Pfeffer
2 EL mittelscharfer Senf
2 Zwiebeln + 500 g Sauerkraut
8 Wacholderbeeren + 1 EL Schmant
50 g Butterschmalz + 1/4 l Fleischbrühe
1 TL Majoran + 100 ml Sahne

Ganz einfach

1 Die Fleischscheiben mit Salz und Pfeffer würzen und mit Senf bestreichen.

2 Die Zwiebeln pellen und fein hacken. Das Sauerkraut abtropfen lassen und zerkleinern. Die Wacholderbeeren zerdrücken. Sauerkraut, Zwiebeln, Wacholderbeeren und Schmant vermischen.

3 Die Fleischscheiben mit der Krautmischung belegen, aufrollen und mit Rouladennadeln oder Küchengarn zusammenhalten.

4 In einem Topf das Butterschmalz erhitzen. Die Rouladen hineingeben und ringsum kräftig anbraten. Brühe und Majoran zufügen und die Sauerkraut-Rouladen bei geschlossenem Deckel etwa 75 Minuten garen. Das Fleisch herausnehmen und auf eine vorgewärmte Platte legen.

5 Die verbliebene Bratensauce mit der Sahne verfeinern und mit Salz und Pfeffer abschmecken. Die Sauce über die Rouladen gießen und servieren.

Tipp

Zu diesen deftigen Rouladen passen Kartoffelklöße, Bratkartoffeln oder Spätzle. Das Rezept für selbst gemachte Spätzle finden Sie auf Seite 107. Statt mit Schweinebauch können Sie das Gericht auch mit Rinderrouladen zubereiten.

Gefülltes Kasseler mit Kraut

Für das Sauerkraut

1 EL Butterschmalz + 1 Zwiebel + 750 g Sauerkraut
1/4 l Weißwein + 5 Wacholderbeeren + 1 Apfel
200 ml Fleischbrühe + 150 g Speck
2 EL Weinbrand + Fett für die Form

Für das Fleisch

1 1/2 kg Kasseler Rippe (vom Metzger den Knochen entfernen und eine Tasche in das Fleisch schneiden lassen)
200 g Backpflaumen ohne Stein + 4 Äpfel
100 g Weißbrot ohne Rinde + 2 Eier
1/2 TL Ingwerpulver + Salz + 2 EL brauner Zucker

Deftig, braucht etwas Zeit

1 Für das Kraut die Zwiebel pellen und hacken. Das Butterschmalz in einem Topf erhitzen, darin die Zwiebel glasig dünsten. Das Sauerkraut und den Weißwein zugeben. Die zerdrückten Wacholderbeeren untermischen. Den Apfel schälen, in Viertel, dann in Würfel schneiden, dabei das Kernhaus entfernen. Den Apfel zu dem Kraut geben, die Brühe angießen, 15 Minuten garen. Den Speck in kleine Würfel schneiden, kross ausbraten und mit dem Weinbrand zum Kraut geben. Eine feuerfeste Form einfetten, das Kraut einfüllen und beiseitestellen.

2 Für den Braten das Fleisch waschen und trocken tupfen. Die Backpflaumen klein schneiden. Die Äpfel schälen, in Viertel, dann in Würfel schneiden, dabei das Kernhaus entfernen. Das Weißbrot zerkrümeln und mit Äpfeln, Backpflaumen und Eiern vermischen. Ingwerpulver und Salz zugeben. Das Fleisch mit der Brotmischung füllen. Die Öffnung zunähen.

3 Das Fleisch auf das Kraut geben und mit Folie abdecken. Im vorgeheizten Backofen bei 180 °C (Gas Stufe 2, Umluft 160 °C) 1 Stunde garen. Wenn nötig etwas Wasser angießen. Den Zucker in wenig warmem Wasser auflösen, den Braten damit bestreichen und noch 10 Minuten unbedeckt bei 200 °C (Gas Stufe 3, Umluft 180 °C) braten.

Eisbein mit Sauerkraut und Erbsenpüree

250 g geschälte gelbe Erbsen + 2 Zwiebeln
1 Bund Suppengrün + 1 kg Eisbein
2 Lorbeerblätter + 6 Pimentkörner
5 Pfefferkörner + 2 Schalotten
750 g Sauerkraut + 50 g Schweineschmalz
1 Lorbeerblatt + 1/2 TL Zucker + 6 Wacholderbeeren
1 Nelke + 200 ml Fleischbrühe + 1 Kartoffel
100 g durchwachsener Speck

Deftige Köstlichkeit

1 Die Erbsen mit Wasser bedecken und über Nacht stehen lassen.

2 Am nächsten Tag die Zwiebeln pellen, grob zerkleinern, das Suppengrün putzen und ebenfalls grob zerkleinern. Das Eisbein in einen Topf geben, mit Wasser bedeckt zum Kochen bringen, Schaum abschöpfen. Zwiebeln, Suppengrün, Lorbeerblätter, Piment- und Pfefferkörner zugeben und das Ganze 2 1/2 Stunden im offenen Topf garen.

3 Die Erbsen mit dem Einweichwasser zum Kochen bringen, 90 Minuten köcheln lassen, ab und zu umrühren und etwas von der Eisbeinflüssigkeit zugeben. Es soll eine breiige Masse entstehen. Zum Schluss die Erbsen pürieren.

4 Die Schalotten pellen und fein hacken, das Sauerkraut ausdrücken und grob zerkleinern. In einem Topf das Schmalz erhitzen, die Schalotten darin andünsten, das Sauerkraut mit dem Lorbeerblatt, dem Zucker, den Wacholderbeeren und der Nelke zugeben. Die Brühe angießen und alles zugedeckt 20 Minuten garen. Die Kartoffel schälen, an das Kraut reiben und weitere 5 Minuten garen.

5 Den Speck in kleine Würfel schneiden und kross ausbraten. Sauerkraut, Erbsenpüree und Eisbein auf vorgewärmten Tellern anrichten. Die Speckwürfel auf dem Erbsenpüree verteilen.

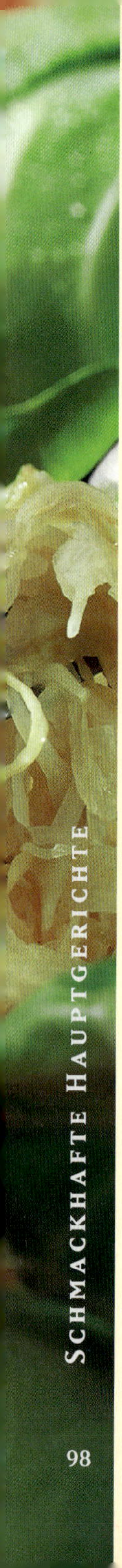

Schweinshaxe auf Morchelkraut

Für die Schweinshaxe

1 Bund Suppengrün + 2 gepökelte Schweinshaxen
8 Pfefferkörner + 1 Lorbeerblatt
1/4 l Bier + 1/4 l Brühe
1 EL Butter + 1 EL Mehl

Für das Sauerkraut

30 g getrocknete Morcheln + 2 Schalotten
1 EL Butterschmalz + 1 kg Sauerkraut
4 TL getrockneter Rosmarin + 1 TL Zucker
1/2 Lorbeerblatt + 4 Wacholderbeeren
1 Bund Suppengrün + 1/8 l Fleischbrühe
1/8 l Weißwein + 100 ml Sahne + 4 EL Schmant

Braucht etwas Zeit

1 Für die Haxe das Suppengrün putzen, grob zerkleinern und mit dem Fleisch in einen Topf geben. Pfefferkörner und Lorbeerblatt dazugeben und so viel Wasser angießen, dass das Fleisch bedeckt ist. Zum Kochen bringen und 2 Stunden köcheln lassen. Das Fleisch herausnehmen, auf ein Backblech legen und im vorgeheizten Backofen bei 220 °C (Gas Stufe 4, Umluft 200 °C) 8 bis 10 Minuten knusprig braten. Dabei mehrmals mit Bier begießen. Das Fleisch aus dem Ofen nehmen und warm stellen.

2 Die Brühe erhitzen, den Bratensatz und das restliche Bier zufügen. Die Butter erhitzen, das Mehl darin anschwitzen, nach und nach die Brühe zugießen, kurz aufkochen.

3 Für das Sauerkraut die Morcheln in 1/4 Liter warmem Wasser einweichen. Die Schalotten pellen und fein hacken. Das Butterschmalz erhitzen, die Schalotten darin andünsten. Das Sauerkraut abtropfen lassen, zerkleinern, mit den Gewürzen und dem Zucker zugeben. Das Suppengrün waschen, zerkleinern und mit den Morcheln samt Wasser zugeben. Brühe und Weißwein angießen, alles 25 Minuten köcheln lassen. Zum Schluss Sahne und Schmant unterrühren. Das Sauerkraut in eine Schüssel füllen und mit den Schweinshaxen und der Sauce servieren.

Szegediner Gulasch

750 g Schweinefleisch ohne Knochen
3 Zwiebeln + 2 Knoblauchzehen
4 EL Schweineschmalz
2 EL Tomatenmark
1 EL Paprikapulver edelsüß
1 TL Kümmel + 1/2 TL abgeriebene,
unbehandelte Zitronenschale
Salz + 1 l Fleischbrühe
750 g Sauerkraut + 30 g Butterschmalz
1/2 TL Zucker + 1/4 l Weißwein
1 Kartoffel + 4 EL saure Sahne

Klassisch, einfach, köstlich

1 Das Fleisch in 4 Zentimeter große Würfel schneiden. Die Zwiebeln und die Knoblauchzehen pellen, die Zwiebeln in Scheiben schneiden, den Knoblauch fein hacken.

2 In einem Topf das Schmalz erhitzen, die Fleischwürfel hineingeben und ringsum kräftig anbraten. Zwiebeln, Knoblauch, Tomatenmark und Paprikapulver dazugeben, kurz mitbräunen, dann Kümmel, Zitronenschale, Salz zufügen und die Brühe angießen. Zugedeckt 90 Minuten köcheln lassen.

3 Inzwischen das Sauerkraut abtropfen lassen und grob zerkleinern. In einem Topf das Butterschmalz erhitzen und das Sauerkraut dazugeben. Zucker, eine Prise Salz und Wein einrühren und das Ganze 15 Minuten garen. Die Kartoffel schälen, grob reiben, zum Sauerkraut geben und weitere 10 Minuten garen. Das Kraut mit dem Fleisch vermischen, zuletzt die saure Sahne zufügen.

Tipp

Dieses klassische ungarische Gulasch schmeckt am besten, wenn es einmal aufgewärmt wurde. Kochen Sie also vor – oder die doppelte Portion. Dazu schmecken Petersilienkartoffeln oder Klöße.

Sauerkraut mit Speckklößchen

Für das Kraut

2 Zwiebeln + 100 g Butterschmalz
1,2 kg Sauerkraut + Salz + 1 TL Zucker
2 Nelken + 1 Lorbeerblatt
6 Wacholderbeeren + 1/4 l trockener Weißwein

Für die Speckklößchen

250 g durchwachsener Speck
2 kg Kartoffeln
4 Eier + 2 EL Speisestärke + Salz

Deftige Hausmannskost

1 Die Zwiebeln pellen und klein schneiden. In einem Topf das Butterschmalz erhitzen, die Zwiebeln darin glasig dünsten.

2 Das Sauerkraut abtropfen lassen, grob zerkleinern und mit den Gewürzen und dem Zucker zu den Zwiebeln geben. 1/4 Liter Wasser und den Weißwein angießen, alles zum Kochen bringen und 15 Minuten köcheln lassen.

3 Inzwischen die Klößchen zubereiten. Dafür den Speck in kleine Würfel schneiden und kross ausbraten. Vom Herd nehmen und die Speckwürfel auskühlen lassen. Die Kartoffeln schälen und reiben. Die geriebene Masse in ein Leinensäckchen füllen, kräftig ausdrücken und die feste Masse in eine Schüssel füllen. Die Speckwürfel, Eier, Speisestärke und etwas Salz zur Kartoffelmasse geben. Mit nassen Händen kleine Klößchen formen.

4 Die Klößchen auf das heiße Sauerkraut legen und im geschlossenen Topf 15 Minuten gar ziehen lassen. Ab und zu das Sauerkraut anheben, damit es nicht ansetzt.

Tipp

Dazu schmecken Rippchen (Rezept → Seite 92) besonders gut.

Sauerkraut-Ragout

500 g Schweinebauch + 2 Zwiebeln
750 g Sauerkraut + 30 g Butterschmalz
300 ml Fleischbrühe
400 g Kartoffeln (fest kochend)
Salz + Frisch gemahlener schwarzer Pfeffer
1 TL Zucker + 1 TL gerebelter Majoran
2 Äpfel + 4 EL saure Sahne
Frisch gepflückte Majoranblüten
zum Garnieren

Ganz einfach

1 Den Schweinebauch in Würfel schneiden. Die Zwiebeln pellen und fein hacken. Das Sauerkraut abtropfen lassen und zerkleinern.

2 In einem Topf das Butterschmalz erhitzen, die Fleischwürfel darin ringsum anbraten. Die Zwiebeln zugeben und kurz mitbraten, dann das Sauerkraut und die Brühe zugeben. Zugedeckt 30 Minuten garen. Die Kartoffeln schälen, in Würfel schneiden. Die Kartoffeln zusammen mit Salz, Pfeffer, Zucker und Majoran zum Ragout geben und weitere 10 Minuten garen.

3 Inzwischen die Äpfel schälen, in Viertel, dann in Würfel schneiden, dabei das Kernhaus entfernen. Die Äpfel zum Ragout geben und 5 Minuten mitgaren. Das fertige Ragout auf vorgewärmte Teller füllen und in die Mitte jeweils einen Klecks saure Sahne geben. Mit Majoranblüten garnieren und servieren.

Tipp

Zu dem Ragout passen Kartoffelknödel, Kartoffelpüree oder auch einfache Salzkartoffeln. Kartoffeln sind übrigens die klassische Beilage für alle Gerichte mit Sauerkraut.

Schüsselfleisch

500 g Leber + 2 Zwiebeln
500 g Schweinebauch
300 g Sauerkraut
500 g gemischtes Hackfleisch
100 g Semmelbrösel + 1 Ei
Je 1 TL Kümmel und Majoran
Salz + Frisch gemahlener schwarzer Pfeffer
1 Prise Koriander
4 Knoblauchzehen

Die Mischung macht's

1 Die Leber 20 Minuten in ungesalzenem Wasser garen. Die Zwiebeln pellen und klein schneiden. Den Schweinebauch mit den Zwiebeln in Salzwasser 40 Minuten garen. Das Fleisch herausnehmen. Von der Brühe 3/4 Liter beiseitestellen.

2 Das gare Fleisch und die Leber durch den Fleischwolf drehen. Das Sauerkraut abtropfen lassen, fein schneiden und zum Fleisch geben. Hackfleisch, Semmelbrösel, Ei und die Gewürze untermischen. Die Knoblauchzehen pellen, den Saft auspressen, ebenfalls zur Fleischmasse geben.

3 Alles gut vermischen, in einen Topf füllen und mit der beiseitegestellten Fleischbrühe übergießen. Zum Kochen bringen und 30 Minuten köcheln lassen. Zum Servieren in eine Schüssel füllen.

Tipp

Das Schüsselkraut wird mit Salz- oder Majorankartoffeln serviert. So bereiten Sie Majorankartoffeln zu: 1 Kilogramm fest kochende Kartoffeln schälen, Kugeln ausstechen, in Salzwasser 10 Minuten garen und abgießen. In einer Pfanne 3 Esslöffel Butterschmalz und 1/2 Teelöffel Zucker erhitzen, die Kartoffelkugeln hineingeben und weitere 8 Minuten garen. Zwischendurch wenden. Die Kugeln herausnehmen und mit Majoranblättchen bestreuen.

Krauttaschen und Bierfleisch

Für das Bierfleisch

2 Zwiebeln + 2 EL Öl
750 g Schweinefleisch (Schulterstück)
Salz + Frisch gemahlener schwarzer Pfeffer
1 TL Kümmel + 1/4 l Fleischbrühe
1/4 l Pils + 1 EL Mehl + 1/2 Bund Petersilie

Für die Krauttaschen

500 g Kartoffeln (mehlig kochend) + 2 Eier
200 g Mehl + 250 g Sauerkraut
150 g grobe Leberwurst
Salz + Frisch gemahlener schwarzer Pfeffer

Außerdem

1 Eigelb zum Bestreichen + 50 g Butter

Braucht etwas Zeit

1 Für das Bierfleisch die Zwiebeln schälen und fein hacken. In einem Topf das Öl erhitzen, die Zwiebeln hineingeben und andünsten. Das Fleisch waschen, trocken tupfen und in 4 Zentimeter große Würfel schneiden. Zusammen mit Salz, Pfeffer und Kümmel zu den Zwiebeln geben, Fleischbrühe und Bier angießen. Alles 90 Minuten köcheln lassen. Das Mehl in etwas kaltem Wasser glatt rühren, das Bierfleisch damit binden. Petersilie waschen, hacken und darüberstreuen.

2 Für die Sauerkrauttaschen die Kartoffeln kochen, schälen, noch heiß durch die Kartoffelpresse drücken. Die Masse mit Eiern und Mehl vermengen. Das Sauerkraut abtropfen lassen und in einer Pfanne trocken rösten. Die Leberwurst untermischen, mit Salz und Pfeffer würzen.

3 Den Kartoffelteig auf bemehlter Fläche ausrollen. Kreise von 10 Zentimeter Durchmesser ausstechen, mit Eigelb bestreichen, mit der Sauerkrautmischung belegen und zu Halbkreisen zusammenlegen. Die Ränder andrücken und in kochendem Salzwasser blanchieren, danach in Butter durchschwenken und mit dem Bierfleisch servieren.

Gefüllte Paprika

4 rote Paprikaschoten + Fett für die Form
1 Zwiebel + 250 g Sauerkraut
1 Hähnchenbrust
150 g gekochter Schinken
1 EL Butterschmalz + Salz
Frisch gemahlener schwarzer Pfeffer
1 EL Curry + 2 EL Tomatenmark
150 g Käse zum Reiben + 1/4 l Gemüsebrühe
1 Schälchen Kresse

Einfach und effektvoll

1 Die Paprikaschoten quer durchschneiden, sodass zwei runde Schalen entstehen. Entkernen und waschen. Die Stiele dranlassen, eventuell etwas abschneiden, damit die Paprika stehen bleibt. Eine Auflaufform einfetten, die Paprikahälften hineinsetzen.

2 Die Zwiebel pellen und fein hacken. Das Sauerkraut abtropfen lassen und fein schneiden. Die Hähnchenbrust würfeln, den Schinken in feine Streifen schneiden.

3 In einem Topf das Butterschmalz erhitzen, die Fleischwürfel hineingeben und ringsum anbraten. Zwiebel und Sauerkraut dazugeben, 5 Minuten garen. Den Schinken zugeben, alles mit Salz, Pfeffer, Curry und Tomatenmark abschmecken.

4 Die Masse in die Paprikahälften füllen. Den Käse reiben und die gefüllten Paprika damit bestreuen. Die Gemüsebrühe angießen. Im vorgeheizten Backofen bei 200 °C (Gas Stufe 3, Umluft 180 °C) etwa 20 Minuten garen.

5 Die Kresse abschneiden und auf vier Tellern jeweils ein Bett aus Kresse bereiten. Die gefüllten Paprika darauf anrichten.

Schupfnudeln mit Sauerkraut

Für die Schupfnudeln

500 g Kartoffeln (vorwiegend fest kochend)
1 Ei + 2 EL Grieß + 2 EL Speisestärke
1 Prise Muskat + Salz
Frisch gemahlener weißer Pfeffer
Butterschmalz zum Braten

Für das Sauerkraut

1 Zwiebel + 1 EL Butterschmalz
500 g Sauerkraut + $^1/_8$ l Weißwein
$^1/_4$ l Fleischbrühe + 200 g durchwachsener
Speck + 1 EL Speisestärke

Saure »Buabespitzle«

1 Für die Schupfnudeln die Kartoffeln in der Schale kochen, pellen und noch warm durch die Kartoffelpresse drücken. Die Kartoffelmasse mit Ei, Grieß und Speisestärke vermischen und mit Muskat, Salz und Pfeffer würzen. Den Teig 1 Stunde ruhen lassen.

2 Inzwischen das Sauerkraut zubereiten. Dafür die Zwiebel pellen und fein schneiden. In einem Topf das Butterschmalz erhitzen, die Zwiebel darin glasig werden lassen. Sauerkraut, Weißwein, die Brühe und den Speck im Stück zufügen, alles zum Kochen bringen und 25 Minuten köcheln lassen. Den Speck herausnehmen und in Streifen schneiden. Die Speisestärke in wenig Wasser anrühren, das Sauerkraut damit binden. Die Speckstreifen wieder zum Kraut geben. Warm stellen.

3 Aus dem Kartoffelteig fingerdicke Rollen formen, in 6 bis 8 Zentimeter lange Stücke schneiden und zwischen den Händen kurz rollen, sodass die Enden spitz zulaufen. Die Röllchen 30 Minuten stehen lassen und danach in kochendes Salzwasser geben. Sobald sie an die Oberfläche kommen, mit einem Schaumlöffel herausnehmen, in kaltem Wasser abschrecken, abtropfen lassen und auf ein Tuch legen. In einer Pfanne Butterschmalz erhitzen, die Schupfnudeln hineingeben und ringsum goldgelb backen. Mit dem Sauerkraut servieren.

Spätzle mit Sauerkraut

Für die Spätzle

500 g Mehl + Salz + 4 Eier

Für das Sauerkraut

500 g Sauerkraut + 2 Schalotten
1 Apfel + 2 EL Butterschmalz + Salz
1/2 TL Zucker + 4 Wacholderbeeren
1/8 l Weißwein + 6 EL Sahne

Außerdem

150 g durchwachsener Speck

Leckere Mischung

1 Für den Teig das Mehl in eine Schüssel sieben, in die Mitte eine Vertiefung drücken. Salz, Eier und 1/4 Liter Wasser in die Vertiefung geben und einen glatten Teig bereiten. 30 Minuten quellen lassen.

2 Das Sauerkraut abtropfen lassen und zerkleinern. Die Schalotten pellen und fein hacken. Den Apfel schälen, in Viertel, dann in dünne Spalten schneiden, dabei das Kernhaus entfernen. In einem Topf das Butterschmalz erhitzen, die Schalotten hineingeben, andünsten, dann das Sauerkraut, den Apfel, Salz, Zucker, Wacholderbeeren, 1/8 Liter Wasser und den Weißwein zugeben. Zugedeckt 25 Minuten garen. Die Sahne einrühren und warm stellen.

3 In einem Topf Salzwasser zum Kochen bringen, ein Brett mit kaltem Wasser abspülen, 1 Esslöffel Teig daraufgeben, glatt streichen, mit einem glatten Messer in das kochende Wasser schaben. Wenn die Spätzle hochkommen, mit einem Schaumlöffel aus dem Wasser nehmen, kurz abschrecken und warm stellen. Auf diese Weise den ganzen Teig verarbeiten. Sie können den Teig auch durch eine Spätzlepresse drücken.

4 Den Speck in kleine Würfel schneiden, kross ausbraten, die Spätzle darin schwenken. Das Sauerkraut auf einer Platte anrichten und die Spätzle darauf verteilen.

Köstliches Backwerk

Sauerkrautbrot

Für den Teig

500 g Mehl + 40 g Hefe + 1 Prise Zucker
1/4 l Milch + 1 Schalotte + 1 Bund Schnittlauch
Salz + 1/2 TL gemahlener Kümmel
30 g Butter + 1 Ei + Fett für die Form

Für die Füllung

125 g durchwachsener Speck + 1 Zwiebel
300 g Sauerkraut + 1 EL Butterschmalz
100 ml Weißwein + Salz
Frisch gemahlener schwarzer Pfeffer

Außerdem

1 Eigelb + Salz + Kümmel zum Bestreuen

Lässt sich gut vorbereiten

1 Das Mehl in eine Schüssel sieben, in die Mitte eine Vertiefung drücken. Die Hefe mit dem Zucker in etwas lauwarmer Milch verquirlen und in die Vertiefung gießen. 20 Minuten gehen lassen. Die Schalotte pellen und fein hacken. Den Schnittlauch waschen und fein schneiden. Schalotten, Schnittlauch, Salz, Kümmel, Butter und Ei auf dem Mehlrand verteilen, alles zu einem geschmeidigen Teig verkneten, dabei die restliche Milch zugeben. 30 Minuten gehen lassen.

2 Für die Füllung den Speck in kleine Würfel schneiden, die Zwiebel pellen und fein hacken. Das Sauerkraut abtropfen lassen und zerkleinern. Die Zwiebel in Butterschmalz andünsten, Sauerkraut, Weißwein, Salz und Pfeffer zugeben und zugedeckt 20 Minuten garen. Abtropfen und auskühlen lassen. Eine Kastenform einfetten. Den Teig auf bemehlter Fläche durchkneten. Die Hälfte des Teigs in eine Kastenform füllen. Das Sauerkraut darauf verteilen, den restlichen Teig darübergeben. Das Brot mit Eigelb bestreichen und mit Salz und Kümmel bestreuen. Im vorgeheizten Backofen bei 200 °C (Gas Stufe 3, Umluft 180 °C) etwa 50 Minuten backen. Herausnehmen, etwas abkühlen lassen, aus der Form lösen und auf ein Kuchengitter setzen.

Gefüllte Hörnchen

125 g Quark + 4 EL Milch + 1 Ei + 4 EL Öl
1/2 TL Salz + 1/2 TL gemahlener Kümmel
250 g Mehl + 1 Pck. Backpulver
1 Eiweiß + 100 g roher Schinken + 75 g Salami
2 kleine Gewürzgurken + 125 g Sauerkraut
Milch zum Bestreichen + Fett für das Blech

Für Zwischendurch

1 Den Quark durch ein Sieb streichen und mit Milch, Ei, Öl, Salz und Kümmel verrühren. Mehl und Backpulver vermischen und in die Quarkmasse einarbeiten. Den Teig gut durchkneten, ausrollen, Rechtecke (ca. 7 x 14 Zentimeter) ausschneiden oder ausrädern, mit Eiweiß bestreichen.

2 Den Schinken, die Salami und die Gurken in kleine Würfel schneiden. Das Sauerkraut abtropfen lassen, in einer Pfanne trocken rösten, mit dem Schinken, der Salami und den Gurken vermischen und auf den Rechtecken verteilen.

3 Die Teigstücke aufrollen, zu Hörnchen formen. Ein Backblech einfetten. Die Röllchen mit Milch bestreichen, auf das Blech geben und im vorgeheizten Backofen bei 200 °C (Gas Stufe 3, Umluft 180 °C) etwa 15 Minuten backen.

Tipp

Kümmel gehört zu jedem Sauerkrautgericht unbedingt dazu, denn er macht die Speisen bekömmlicher. Normalerweise werden die ganzen Kümmelkörner verwendet, doch für Teige nimmt man gemahlenen Kümmel, weil dieser sich besser verteilen kann.

Gedeckter Sauerkrautkuchen

1 kg Mehl + 60 g Hefe
1/2 l Milch + 150 g weiche Butter
2 Eier + 1 TL Salz + 4 Zwiebeln
1 kg Sauerkraut + 300 g Schinken-speck + 30 g Butterschmalz
Fett für das Blech
1 Eigelb zum Bestreichen

Deftig und kräftig

1 Das Mehl in eine Schüssel sieben und in die Mitte eine Vertiefung drücken. Die Hefe in etwas lauwarmer Milch verquirlen und in die Vertiefung gießen. Mit etwas Mehl bestäuben. Zugedeckt 30 Minuten gehen lassen. Von der Mitte her einen Teig bereiten, dabei die restliche Milch, Butter, Eier und Salz zugeben. Alles gut verkneten und zugedeckt 30 Minuten gehen lassen.

2 Inzwischen die Zwiebeln pellen und in kleine Würfel schneiden. Das Sauerkraut abtropfen lassen und fein hacken. Schinkenspeck in kleine Würfel schneiden. In einem Topf das Butterschmalz erhitzen, die Zwiebeln zugeben und glasig werden lassen, das Kraut zugeben, alles 10 Minuten schmoren lassen und danach auskühlen lassen.

3 Den Teig kurz durchkneten und halbieren. Ein Backblech einfetten. Eine Teighälfte ausrollen und auf das Backblech geben. Einen Rand hochziehen. Das Sauerkraut auf der Teigplatte verteilen. Die Schinkenspeckwürfel darübergeben. Die andere Teighälfte ausrollen, auf das Kraut legen, die Ränder fest andrücken.

4 Das Eigelb mit 2 Esslöffel Milch verrühren, die Teigplatte damit bestreichen. Im vorgeheizten Backofen bei 200 °C (Gas Stufe 3, Umluft 180 °C) etwa 45 Minuten backen.

Tipp

Der gedeckte Sauerkrautkuchen lässt sich gut vorbereiten.

Kasseler im Teigmantel

1 Bund Petersilie + 1 Zweig Thymian
1 Stange Lauch
50 g Knollensellerie + 1 Möhre
400 g Mehl + Salz
1 kg Kasseler ohne Knochen
300 g Sauerkraut + 1 Eigelb
150 ml Fleischbrühe + Pfeffer
5 EL Kräuter-Crème-fraîche

Für Gäste

1 Petersilie und Thymian waschen, trocken schütteln und fein hacken. Lauch und Sellerie putzen, in feine Streifen schneiden und in Salzwasser blanchieren. Die Möhre putzen und fein raspeln.

2 Das Mehl in eine Schüssel sieben. Salz und 8 bis 10 Esslöffel Wasser zugeben, einen Teig kneten und dünn ausrollen. Das Fleisch waschen, trocken tupfen und auf die Teigplatte legen. Die Kräuter darüberstreuen und fest andrücken. Das abgetropfte, zerkleinerte Sauerkraut, das blanchierte Gemüse und die geraspelte Möhre darauf verteilen.

3 Die Teigränder mit Eigelb bestreichen. Den Teigmantel über dem Fleisch schließen. Im vorgeheizten Backofen bei 200 °C (Gas Stufe 3, Umluft 180 °C) etwa 1 Stunde backen.

4 Den Braten aufschneiden, dabei den Bratensaft auffangen. Den Bratensaft in einen Topf geben, die Fleischbrühe dazugießen und auf ein Drittel einkochen. Die Sauce mit Salz und Pfeffer abschmecken und mit Crème fraîche verfeinern.

5 Den Braten vollends aufschneiden und mit der Sauce servieren.

Tipp

Dazu passen Salzkartoffeln, Petersilienkartoffeln oder ein schlichtes Kartoffelgratin.

Exotischer Kartoffelkuchen

Für den Teig

300 g Kartoffeln (mehlig kochend)
500 g Mehl + 2 gestrichene TL Backpulver
80 g Butter + 2 Eier + Salz + 200 ml Milch

Für die Füllung

400 g gares Kaninchenfleisch oder gekochter Schinken
30 g frischer Ingwer + 250 g Sauerkraut
50 g weiche Butter + 200 g in Kognak
oder Weinbrand marinierte Orangen- und Ananaswürfel

Außerdem

Fett für das Backblech
1 Eigelb zum Bestreichen

Braucht etwas Zeit

1 Die Kartoffeln in der Schale kochen, pellen, noch warm durch die Kartoffelpresse drücken. Das Mehl mit dem Backpulver über die Kartoffelmasse sieben. Butter, Eier, Salz und Milch einarbeiten.

2 Das Fleisch bzw. den Schinken in kleine Würfel schneiden. Den Ingwer dünn schälen und auf einer feinen Reibe raspeln. Das Sauerkraut abtropfen lassen und fein schneiden. Fleisch, Ingwer, Butter und Sauerkraut mit den Orangen- und Ananaswürfeln vermischen.

3 Ein Backblech einfetten. Die Hälfte des Kartoffelteigs ausrollen, auf das Backblech geben und mit der Füllung bestreichen. Dann den restlichen Teig ausrollen, auf die Füllung legen, die Ränder fest zusammendrücken. Eigelb und Milch verrühren und auf den Teig streichen. Bei 200 °C (Gas Stufe 3, Umluft 180 °C) etwa 45 Minuten backen.

Tipp

Wer es pikanter liebt, kann anstelle der marinierten Früchte süßsauer eingelegte Paprika- und Gurkenwürfel zur Füllung geben.

Schinken-Sauerkraut-Kuchen

250 g Mehl + 125 g Schweineschmalz
1 Ei + 1 kräftige Prise Salz
100 g durchwachsener Speck + 1 Zwiebel
600 g Sauerkraut + 1 TL Kümmel
1/8 l trockener Weißwein + 4 EL Semmelbrösel
250 g garer Schweinebraten
150 g gekochter Schinken + 1 Eigelb
Fett für die Form

Deftige Schlemmerei

1 Am Vortag das Mehl in eine Schüssel sieben. Das Schmalz in Flöckchen dazugeben. Mit einem Messer durchhacken, bis eine krümelige Masse entsteht. Ei, Salz und 2 Esslöffel Wasser untermengen. Den Teig zugedeckt über Nacht kühl stellen.

2 Am nächsten Tag den Speck in kleine Würfel schneiden und in einem Topf ausbraten. Die Zwiebel pellen, fein hacken und zum Speck geben. Das Sauerkraut abtropfen lassen, grob zerkleinern und zusammen mit dem Kümmel ebenfalls untermischen. Den Weißwein angießen, alles zum Kochen bringen und im geschlossenen Topf bei geringer Hitze 15 Minuten köcheln lassen. Den Topf vom Herd nehmen und das Kraut auskühlen lassen.

3 Eine feuerfeste Form einfetten und mit Semmelbröseln ausstreuen. Zwei Drittel des Teigs ausrollen, die Form damit auslegen, den Rand etwas hochziehen. Die Hälfte des ausgekühlten Sauerkrauts darauf verteilen. Braten und Schinken in kleine Würfel schneiden und daraufgeben. Das restliche Sauerkraut obenauf anordnen. Den restlichen Teig ausrollen und über das Kraut legen. Den Rand andrücken und den Teig mit Eigelb bestreichen.

4 Den Schinken-Sauerkraut-Kuchen im vorgeheizten Backofen bei 200 °C (Gas Stufe 3, Umluft 180 °C) etwa 35 Minuten backen. Sollte die Oberfläche zu dunkel werden, decken Sie den Kuchen für den Rest der Garzeit mit Alufolie ab.

Feiner Sauerkrautkuchen

Für den Teig

20 g frische Hefe + 1 Prise Zucker
400 g Mehl + 6 EL Olivenöl

Für den Belag

1 kg Sauerkraut + 300 g durchwachsener Speck
1/2 l Sahne + 6 Eier + 2 EL Crème fraîche
Frisch gemahlener weißer Pfeffer + 1 Prise Muskat
1 Handvoll gemischte, gehackte Kräuter

Außerdem

Fett für das Blech

Einfach und schnell

1 Für den Teig Hefe und Zucker mit 180 Milliliter lauwarmem Wasser verquirlen und zugedeckt 10 Minuten stehen lassen. Mehl und 2 Esslöffel Öl zufügen und alles zu einem glatten Teig verkneten. 30 Minuten an einem warmen Ort gehen lassen.

2 Für den Belag das Sauerkraut abtropfen lassen und fein hacken. Den Speck in kleine Würfel schneiden, kross ausbraten und mit dem Kraut vermischen. Sahne, Eier, Crème fraîche, Gewürze und Kräuter verrühren.

3 Den Teig ausrollen. Ein Backblech einfetten, den Teig daraufgeben und ringsum einen Rand hochziehen. Die Krautmischung auf dem Teig verteilen und mit der Eiersahne übergießen. Das restliche Öl darüberträufeln. Im vorgeheizten Backofen bei 200 °C (Gas Stufe 3, Umluft 180 °C) etwa 35 Minuten backen.

Tipp

Wer Fett sparen möchte oder muss, kann die Quiche etwas fettärmer zubereiten: Statt 1/2 Liter Sahne nehmen Sie zu gleichen Teilen Milch und Sahne, und die Crème fraîche ersetzen Sie durch saure Sahne.

Kartoffel-Käse-Kuchen

800 g Kartoffeln (mehlig kochend)
60 g weiche Butter + 200 g Mehl + 1 EL Speisestärke
Salz + Frisch gemahlener weißer Pfeffer
1 Prise abgeriebene Muskatnuss
400 g durchwachsener Speck + 500 g Sauerkraut
1 EL Butterschmalz
Fett für das Blech + 1 TL Kümmel
2 Eigelb + 300 g Schmant + 200 g Emmentaler
1 Bund Schnittlauch + 1 Handvoll frisch gepflückte, gereinigte Schnittlauchblüten

Köstliche Kombination

1 Die Kartoffeln in der Schale kochen, schälen, die Hälfte noch heiß durch die Kartoffelpresse drücken, die andere Hälfte in Scheiben schneiden. Die gepressten Kartoffeln mit Butter, Mehl und Speisestärke verkneten und mit Salz, Pfeffer und Muskat würzen.

2 Den Speck in kleine Würfel schneiden. Das Sauerkraut abtropfen lassen und zerkleinern. In einem Topf 1 Esslöffel Butterschmalz erhitzen, den Speck darin ausbraten, das Sauerkraut zugeben, Kümmel, Salz und Pfeffer zufügen und 5 Minuten garen. Vom Herd nehmen und etwas auskühlen lassen, dann Eigelb und Schmant einrühren.

3 Ein Backblech einfetten. Den Teig ausrollen, auf das Blech legen und im vorgeheizten Backofen bei 220 °C (Gas Stufe 4, Umluft 200 °C) 15 Minuten vorbacken. Dann herausnehmen, mit der Sauerkrautmasse bedecken und mit den Kartoffelscheiben belegen. Den Käse reiben und darüberstreuen. Weitere 20 Minuten backen.

4 Den Schnittlauch waschen und in Röllchen schneiden. Den fertigen Kuchen aus dem Ofen nehmen und mit Schnittlauchröllchen und -blüten bestreuen.

Strudeltaschen

400 g Mehl + 4 El Öl + 4 Eier + Salz
400 g Gehacktes (halb Rind, halb Schwein)
1 Apfel + 150 g Sauerkraut + 1 EL gehackte Minze
2 EL Weinbrand + 2 EL Walnussöl + 2 EL Schlagsahne

Schmackhaft und originell

1 Das Mehl mit 3 Esslöffel Öl, 2 Eiern, 1 Prise Salz und 150 Milliliter lauwarmem Wasser zu einem geschmeidigen Teig verkneten, mit dem restlichen Öl einreiben, abgedeckt 2 Stunden an einem warmen Ort ruhen lassen.

2 Das Gehackte in eine Schüssel geben. Den Apfel schälen und an das Gehackte reiben. Das Sauerkraut abtropfen lassen, fein schneiden und mit der Minze, dem Weinbrand und dem Öl zum Gehackten geben, alles gut vermischen.

3 Den Teig auf einem bemehlten Küchentuch so dünn wie möglich ausrollen und mit den Händen noch dünner ausziehen. Den Teig in Quadrate von 10 Zentimeter Durchmesser schneiden. Die restlichen Eier trennen, den Teig mit Eiweiß einpinseln. Auf jede Hälfte der Teigquadrate etwas von der Fleischmasse geben, den Teig zusammenklappen, die Ränder andrücken.

4 Eigelb und Schlagsahne verrühren, die Teigtaschen damit einstreichen. Ein Backblech mit Backpapier auslegen, die Teigtaschen auflegen und im vorgeheizten Backofen bei 200 °C (Gas Stufe 3, Umluft 180 °C) 15 Minuten backen.

Tipp

Alternativ können Sie die Strudeltaschen auch mit einer Mischung nach ungarischer Art füllen: Dazu eine Zwiebel und 200 Gramm Speck fein würfeln, in etwas Öl anbraten, mit einem Schuss Essig ablöschen, das Kraut dazugeben und alles mit Pfeffer, Paprikapulver und Kümmel würzen. Gut vermischen und die Teigtaschen damit füllen.

Sauerkraut-Pizza

Für den Teig

400 g Mehl + 25 g Hefe + 1 Prise Zucker
200 ml Milch + 1 Ei + 1 TL getrockneter Oregano
Salz + 30 g Butter + Fett für das Blech

Für den Belag

2 Zwiebeln + 1 Bund Majoran + 2 Möhren
600 g Sauerkraut + 250 g roher Schinken
1 EL Butterschmalz
1 TL Paprikapulver edelsüß + $\frac{1}{8}$ l Fleischbrühe
2 Eier + 200 g Schmant + Salz
Frisch gemahlener schwarzer Pfeffer
Frisch gepflückte Lauchblüten zum Bestreuen

Pizza ganz anders

1 Das Mehl in eine Schüssel sieben, in die Mitte eine Vertiefung drücken. Die Hefe mit dem Zucker in etwas lauwarmer Milch verrühren, in die Vertiefung gießen, etwas Mehl darüberstäuben. Zugedeckt 15 Minuten gehen lassen. Auf dem Mehlrand Ei, Oregano, Salz und Butter verteilen, von der Mitte her die Zutaten verkneten, dabei die restliche Milch zugeben. Zugedeckt 30 Minuten gehen lassen.

2 Für den Belag die Zwiebeln pellen und fein hacken, den Majoran zerkleinern. Die Möhren putzen, halbieren und in Scheibchen schneiden. Das Sauerkraut abtropfen lassen und grob zerkleinern, den Schinken in feine Streifen schneiden. In einem Topf das Butterschmalz erhitzen, darin die Zwiebeln andünsten, Schinkenstreifen, Majoran, Möhren, Sauerkraut und Paprikapulver zugeben, Brühe dazugießen, alles gut verrühren und zugedeckt 5 Minuten garen. Etwas auskühlen lassen, dann Eier und Schmant einrühren, mit Salz und Pfeffer würzen.

3 Den Teig auf bemehlter Fläche ausrollen, auf ein gefettetes Blech geben und einen Rand hochziehen. Die Gemüse-Schmant-Masse darauf verteilen. Im vorgeheizten Backofen bei 200 °C (Gas Stufe 3, Umluft 180 °C) etwa 40 Minuten backen. Mit Lauchblüten verzieren.

Kartoffeltörtchen

Für die Törtchen
1 kg Kartoffeln (mehlig kochend) + 1/8 l Milch
4 EL Sahne + 50 g Butterschmalz + Salz
1 Prise abgeriebene Muskatnuss + Fett für das Blech

Für den Belag
3 EL getrocknete Waldpilze + 1 Brötchen
200 g Sauerkraut + 3 EL Schmant + 1 Zwiebel
2 Knoblauchzehen + 1/2 Bund Petersilie
250 g gekochter Schinken
Frisch gemahlener schwarzer Pfeffer
Salz + 1 Ei + 2 EL Parmesan + 50 g Butter

Außerdem
Petersiliensträußchen zum Garnieren

Für Gäste

1 Für den Belag die Pilze und das Brötchen getrennt in Wasser einweichen. Für die Törtchen die Kartoffeln in der Schale kochen, pellen und noch heiß durch die Kartoffelpresse drücken. Mit Milch, Sahne, Butterschmalz, Salz und Muskat vermischen. Die Kartoffelmasse in einen Spritzbeutel füllen und auf ein gefettetes Blech Törtchen mit Rand spritzen. Bei 180 °C (Gas Stufe 2, Umluft 160 °C) etwa 10 Minuten backen.

2 Inzwischen das Sauerkraut abtropfen, fein hacken und mit dem Schmant vermischen. Die Zwiebel und die Knoblauchzehen pellen und fein hacken. Die Petersilie waschen und hacken. Die eingeweichten Pilze fein schneiden. Das eingeweichte Brötchen gut ausdrücken. Den Schinken in kleine Würfel schneiden. Brötchen, Zwiebeln, Knoblauch, Pilze, Schinken, Pfeffer, Salz und Ei vermengen.

3 Auf die Kartoffeltörtchen etwas Sauerkraut und darauf die Schinkenmasse geben. Parmesan darüberstreuen und Butterflöckchen darauf verteilen. 10 Minuten bei 180 °C (Gas Stufe 2, Unmluft 160 °C) überbacken. Auf einer Platte anrichten und garnieren.

Sauerkrauttorte mit Birnen

Für den Teig

125 g Mehl + 1 Ei + 65 g Butter + Salz

Für den Belag

800 g Sauerkraut + 150 g durchwachsener Speck
150 g gekochter Schinken
1 EL Butterschmalz + 1 TL Kümmel
3 Eigelb + 250 g Sahne + Salz
Frisch gemahlener schwarzer Pfeffer
Fett für die Form + 3 Birnen
100 g Käse zum Reiben (z. B. Pecorino)

Raffiniert

1 Das Mehl in eine Schüssel sieben und in die Mitte eine Vertiefung drücken. Das Ei, die in Stücke geschnittene Butter und 1 Prise Salz in die Vertiefung geben. 1 Esslöffel Wasser zufügen, einen geschmeidigen Teig kneten. Den Teig auf ein mit Mehl bestäubtes Küchenbrett legen, mit dem Handrücken flach drücken und wieder zusammenschlagen. Diesen Vorgang mehrmals wiederholen. Den Teig 2 Stunden im Kühlschrank ruhen lassen.

2 Inzwischen das Sauerkraut abtropfen lassen und zerkleinern. Speck und Schinken in Würfel schneiden. In einem Topf das Butterschmalz erhitzen, den Speck hineingeben und etwas ausbraten, dann die Schinkenwürfel, das Sauerkraut und den Kümmel zugeben und 5 Minuten dünsten. Vom Herd nehmen und etwas auskühlen lassen. Eigelb, Sahne, Salz und Pfeffer verrühren und mit dem Sauerkraut vermischen.

3 Den Boden einer Springform einfetten, den Teig dünn ausrollen, in die Springform geben, ringsum einen Rand hochziehen. Den Belag auf dem Teig verteilen. Die Birnen schälen, halbieren, das Kernhaus entfernen, die Birnen mit der gewölbten Seite nach oben auf das Kraut legen. Den Käse reiben und über die Birnen streuen. Die Torte im vorgeheizten Backofen bei 200 °C (Gas Stufe 3, Umluft 180 °C) etwa 30 Minuten backen.

Sauerkrauttorte mit Nüssen

Für den Teig

250 g Mehl + Salz + 125 g weiche Butter
1 Eigelb + Fett für die Form

Für den Belag

800 g Sauerkraut + 2 Schalotten + 2 EL Öl
1/8 l Fleischbrühe + 100 g Emmentaler
300 g saure Sahne + 3 Eier + 1 EL Speisestärke
Salz + Frisch gemahlener weißer Pfeffer
1/4 TL gemahlener Koriander + 12 Walnusskerne

Raffiniert

1 Das Mehl in eine Schüssel sieben und mit 2 Esslöffel Wasser, Salz, Butter und Eigelb verkneten. Eine Springform einfetten, den Teig einfüllen, einen Rand hochziehen, den Teig mehrmals mit einer Gabel einstechen.

2 Das Sauerkraut abtropfen lassen und zerkleinern. Die Schalotten pellen und fein schneiden. In einem Topf das Öl erhitzen, die Schalotten hineingeben und etwas andünsten. Dann das Kraut und die Brühe zugeben und 5 Minuten garen. Vom Herd nehmen und auskühlen lassen.

3 Den Käse reiben, mit saurer Sahne, Eiern und Speisestärke verrühren und mit Salz, Pfeffer und Koriander würzen. Das Sauerkraut auf den Teig geben und mit der Sahnemischung übergießen. Dann die Walnüsse auflegen. Im vorgeheizten Backofen bei 200 °C (Gas Stufe 3, Umluft 180 °C) etwa 35 Minuten backen.

Über dieses Buch

Die Autorin

Oda Tietz hat Germanistik studiert und danach als Journalistin gearbeitet. Seit 20 Jahren konzentriert sie sich auf den Bereich Kochen und Ernährung. Ergebnis dieser Tätigkeit ist eine Vielzahl höchst erfolgreicher Kochbücher. Oda Tietz lebt in Leipzig.

Bildnachweis

Alle Fotos: Helga Florian, Weiden/München
Styling: Alexander Lutz
Freisteller: PhotoAlto (Rozenbaum & Cirou), Paris: 3 außer Gänseblümchen (Helga Florian), 8, 14, 18, 28, 29, 32, 36, 41, 45, 48, 59, 62, 69, 73, 74, 78, 86, 102, 111, 119, 126; mit Ausnahme von: Helga Florian: 3, 36 und Central Stock: A la Carte (Embery), Bradenton/Florida: 27, 90, 105.

Unser besonderer Dank gilt der Firma Bauscher AG Hotelporzellan Weiden für die Leihgabe der Requisiten.

Haftungsausschluss

Die Inhalte dieses Buches sind sorgfältig recherchiert und erarbeitet worden. Dennoch kann weder die Autorin noch der Verlag für die Angaben in diesem Buch eine Haftung übernehmen.

Impressum

Weltbild Buchverlag
–Originalausgaben–

Projektleitung: Bettina Spangler
Redaktion: Annette Gillich
Umschlag: X-Design, München
Umschlagfoto: Stock Food (Ulrich Kerth)
Innenlayout und Satz: avak Publikationsdesign, München
Reproduktion: Point of Media GmbH, Augsburg
Druck und Bindung: Typos-Digital Print, Plzen

Gedruckt auf chlorfrei gebleichtem Papier

Printed in the EU

ISBN 978-3-89897-733-3

Rezepte von A bis Z